Plantes toxiques

Plantes toxiques

Texte de Georges Becker
Président honoraire
de la Société Mycologique de France

Illustrations de Zdeněk Berger

Gründ

Deuxième tirage 1984
Texte français de Georges Becker
Docteur ès sciences, Correspondant du Muséum
Arrangement graphique par Eva Adamcová

ISBN 2-7000-1811-7
Dépôt légal: avril 1984
Imprimé en Tchécoslovaquie par Svoboda, Prague
3/15/09/53—02

Les substances toxiques

Un grand nombre de plantes, et d'animaux, fabriquent des substances toxiques de diverses natures. Pour les animaux, qu'on songe aux venins des serpents. Ce sont évidemment des moyens de défense d'une efficacité extrême. Pour les plantes, les poisons qu'elles distillent ont un effet de dissuasion qui permet d'échapper aux divers prédateurs qui voudraient s'en nourrir. Qu'il s'agisse de poils urticants comme ceux des orties, d'épines comme celles des cactus, ou de produits stupéfiants, paralysants, émétiques ou purgatifs, il y a là toute une gamme de répulsifs qui mettent certains végétaux à l'abri de la voracité des herbivores. Nos végétaux cultivés, en revanche, sont sans défense, et seraient incapables de survivre sans notre protection.

Ces plantes toxiques sont innombrables, plus encore sous les tropiques que sous nos latitudes. Néanmoins, nos prés et nos forêts nous en offrent une gamme très variée et dont il faut savoir se méfier. Autrefois, les ruraux, nos grands-pères, ne s'y méprenaient pas. Ils savaient d'instinct ou par tradition qu'il ne faut rien porter d'inconnu à sa bouche. On récoltait depuis toujours les mûres, les framboises, les fraises, les myrtilles, les airelles, et sur les arbres sauvages, à l'occasion, les cornouilles, les alises, les cormes, et les blessons (poires sauvages mangeables quand elles sont blettes, et le mot est dans Littré), et c'était tout. Le reste était de «la poison», comme on dit encore dans nos campagnes, et comme on a dit jusqu'au XVIe siècle. Car poison est le latin *potio* dont les pharmaciens ont fait «potion». Et nos ancêtres avaient bien raison de n'avoir pas confiance.

Car une expérience sans doute antique leur avait appris que toutes ces jolies baies dont se parent les buissons en automne ne disent rien qui vaille à un œil averti. Il en va de même pour beaucoup de simples herbes dont la confusion avec celles de nos jardins peut être dangereuse. Voyez qu'on ne récolte guère dans la nature que les pissenlits, la mâche et le cresson. Tout le reste est laissé aux bêtes qui veulent bien le brouter.

Les bêtes d'ailleurs sont moins *bêtes* que nous. Un instinct sûr les empêche dans les prairies de toucher aux feuilles des colchiques, de l'aconit, des renoncules, des anémones, de l'if, du troène, ou même du chêne qui les rendraient malades. Les animaux ont sans doute un odorat qui leur permet de flairer immédiatement ce qui se mange et ce qui ne se mange pas. Les citadins d'aujourd'hui, ayant perdu tout contact avec la nature, quand ils y sont lâchés, sont capables des pires erreurs. Ils croient naïvement que tout ce qui est «naturel» est par définition excellent, et les voilà qui mordent dans une baie de belladone, ou qui font, comme il est arrivé, de la salade avec des feuilles d'aconit. Et évidemment ce sont les enfants les plus exposés. Ils ont la tentation de goûter à tout, et leur curiosité peut avoir des conséquences dramatiques, ou même tragiques. Tous les ans on amène dans les hôpitaux des victimes d'empoisonnements de cette nature, que la moindre prudence ou la moindre connaissance botanique, aurait pu éviter.

Le plus curieux est que beaucoup de ces poisons ont des effets très différents selon les animaux qui les consomment. Ainsi les glands sont un poison pour l'homme, les bœufs, les ruminants en général, à cause de l'énorme quantité de tanins et de substances annexes dont ils sont gorgés. Mais les porcs et les sangliers en raffolent et peuvent s'en gorger sans aucun dommage. L'Amanite phalloïde, mortelle pour l'homme et les animaux à sang chaud, ne produit aucun effet sur les limaces qui les dévorent impunément.

De même, les oiseaux peuvent se nourrir tout naturellement de baies qui sont toxiques pour nous. Ils sont friands de celles du troène, de l'épine-vinette, de la viorne, du bois-joli, du sureau, de la douce-amère, et de la belladone, qui nous provoquent des accidents qui vont de l'indigestion massive à la mort sans phrases. De même les abeilles peuvent très bien butiner le nectar du laurier rose, ou de la digitale, ou ailleurs de divers rhododendrons, sans y trouver d'inconvénients, mais qui rendent leur miel sévèrement toxique, pour l'homme au moins.

Histoire des poisons

Depuis toujours, les hommes ayant reconnu les plantes vénéneuses, en ont tiré parti. D'abord pour renforcer la puissance de leurs armes. On a trouvé çà et là des pointes de flèches préhistoriques, comprenant un filet creux, qui en faisaient de véritables seringues capables d'injecter dans la bête touchée un poison plus ou moins paralysant. On sait les terribles expériences qu'ont faites en Amérique les Espa-

Tête de mort — symbole de toxicité

gnols des flèches au curare que savaient préparer les indigènes et dont le poison était imparable. En Afrique même, les Pygmées encore aujourd'hui connaissent les poisons capables par la moindre blessure, de paralyser un éléphant.

Quant aux documents historiques concernant les poisons, ils abondent aussi bien dans la littérature grecque que latine, et toute notre histoire moderne nous offre une gamme infinie d'empoisonnements pratiqués dans des intentions criminelles. Un des exemples les plus

Chatons de bagues et médaillons de pendentifs — cachettes raffinées pour les poisons

classiques est l'empoisonnement de l'empereur Claude. Sa femme Agrippine, pressée de laisser le trône à son fils Néron, fit empoisonner à la fois l'empereur et son fils Britannicus, héritier légitime, au moyen de champignons auxquels avaient été ajoutées des Amanites phalloïdes, et pour Britannicus, au moyen d'une boisson dans laquelle avait été versé un poison fulgurant dont la nature n'a bien sûr jamais pu être déterminée. C'est pourquoi par la suite les empereurs faisaient toujours goûter les plats qu'on leur présentait par un «dégustateur», pratique reprise de nos jours par un Hitler, dont la méfiance s'étendait à toute chose.

On sait quels abus des poisons ont été faits dans les cours italiennes de la Renaissance. Le «mauvais café» des Borgia est resté proverbial, et les poisons alors utilisés provenaient sans doute de diverses solanacées comme la Jusquiame, ou de poisons plus rapides comme celui de l'Aconit. Mais la recette s'en est perdue, car elle était secrète, et on avait intérêt à ne pas l'ébruiter. Ces poisons pouvaient se transporter sous un très petit volume dans le médaillon d'un pendentif, ou dans le chaton d'une bague. On a conservé dans nos musées des bijoux de cette diabolique espèce.

Il est vrai que ces poisons n'étaient pas toujours destinés au crime. Ils pouvaient n'être qu'une précaution personnelle pour des gens qui ne voulaient pas tomber vivants aux mains d'un ennemi redoutable. On sait que Hitler par exemple, dans les derniers temps de sa vie, donnait à ses fidèles comme suprême cadeau, une ampoule de cyanure, dont se sont servis aussi bien Himmler que Goering pour échapper aux interrogatoires qui les auraient définitivement déshonorés. Pour Goering, ce fut pour échapper à la pendaison.

On sait aussi que l'empoisonnement fut pratiqué officiellement en Grèce comme procédé de mise à mort. Nous en avons un récit complet et pour ainsi dire clinique dans le *Phédon* de Platon qui nous raconte la mort de Socrate. Le poison employé était à base de ciguë, mais l'extrait de ciguë était sans doute additionné d'extraits de jusquiame. Car la ciguë à elle seule provoque des spasmes violents, avant le refroidissement des extrémités, et l'arrêt progressif de la circulation et celui du cœur. Les extraits de jusquiame au contraire sont hypnotiques et évitent ces soubresauts douloureux avant l'agonie. Mais la formule s'en est perdue. On sait pourtant que Marseille, qui était dans l'antiquité une colonie grecque, en avait conservé la tradition.

Pots à poison

On sait quel retentissement a eu au XVIIe siècle l'Affaire des poisons, dans laquelle avaient été compromises des personnalités de premier rang de la Cour. Le scandale fut tel que Louis XIV après l'enquête fit brûler tous les procès verbaux, qui auraient sali trop de monde. On fit brûler vifs quelques comparses, on exila quelques personnages encombrants, et un voile pudique s'épaissit sur ce scandale. Mais il n'est pas sûr que les poisons utilisés dans cette fameuse «Affaire» aient été d'origine végétale. Il est bien possible que l'arsenic qui commençait carrière y ait été pour quelque chose.

Il est bien probable que de nos jours encore les empoisonnements soient plus fréquents que la Justice ne le croit. Dans nos campagnes, il arrive qu'un vieillard dont on convoite l'héritage et qui dure un peu trop longtemps soit envoyé dans un monde meilleur grâce à un «bouillon d'onze heures», où on aura fait macérer les herbes voulues. Et la plupart de ces empoisonnements passent inaperçus, car les médecins n'ont pas toujours le temps ni la présence d'esprit d'y penser. Mais les poisons chimiques sont d'un maniement tellement plus facile que les végétaux sont de plus en plus délaissés. Les divers insecticides, raticides et fongicides qui abondent chez les droguistes suffisent amplement aux criminels en puissance.

Dans beaucoup de tribus africaines, les poisons servaient d'ordalies. C'est-à-dire que dans le cas d'un crime où deux coupables possibles étaient en présence, on leur faisait absorber une dose prescrite de poison, et celui qui n'en mourait pas était considéré comme innocent. Cette pratique rappelle étrangement nos duels judiciaires, où le vaincu était le coupable.

Les cas de sorcellerie

Les fameux sabbats des sorciers d'autrefois ont été longtemps une énigme. Ces gens se réunissaient certaines nuits et se livraient à des orgies diaboliques. Ils étaient pris de délires extravagants, perdaient le sens de la pesanteur (de là la légende qui les faisait s'envoler à cheval sur des balais), et se livraient à des fantaisies érotiques où toutes les perversions étaient possibles. On croit aujourd'hui avoir trouvé le secret de ces orgies. Il s'agit à peu près sans doute de l'Amanite tue-mouches. En effet, ce champignon contient des substances psychotropes qui provoquent toutes sortes de délires, selon le tempérament de ceux qui l'absorbent. Il s'agit tantôt d'un délire furieux, le patient brisant alors tout ce qui lui tombe sous la main, tantôt d'un délire gai s'accompagnant de rires inextinguibles, tantôt d'une excitation sexuelle débridée.

On a encore pu observer le rituel de ces orgies, ou du moins un rituel très analogue, chez certaines tribus sibériennes au début de notre siècle. A certaines dates précises, les hommes, et eux seuls de la tribu, se réunissaient pour manger ensemble les Amanites, entraient en transes pendant plusieurs heures, puis leurs transports terminés s'endormaient pesamment, et ne se souvenaient plus de rien au réveil. Il en allait de même pour nos sorciers qui perdaient ensuite toute mémoire de leurs exploits. Ces séances d'hallucination collective évoquent étrangement celles que pratiquent aujourd'hui les amateurs de certaines drogues, analogues au fameux LSD, et que contiennent un grand nombre de champignons.

A propos d'empoisonnements, il est remarquable que le poison est une arme surtout féminine. En effet, les hommes qui veulent tuer le font soit avec des armes à feu, soit avec des armes blanches. Mais les femmes ayant peu de goût pour la violence et le sang, préfèrent l'arme silencieuse et invisible qu'est le poison. Il est remarquable que l'empoisonneuse Locuste, qui prépara le poison de l'empereur Claude, était une femme «conservée, comme le dit Tacite, parmi les instruments du règne». Et les annales judiciaires de notre temps foisonnent de tentatives réussies ou non d'empoisonnements dus à des femmes.

Les drogues et les drogués

Un grand nombre de végétaux contiennent des substances psychotropes de diverses natures. Les unes sont excitantes, comme la quinine, d'autres hypnotiques, comme l'opium et ses dérivés, d'autres stupéfiantes, comme la cocaïne. Beaucoup de ces drogues sont utilisées par

Récipients à feuilles de coca

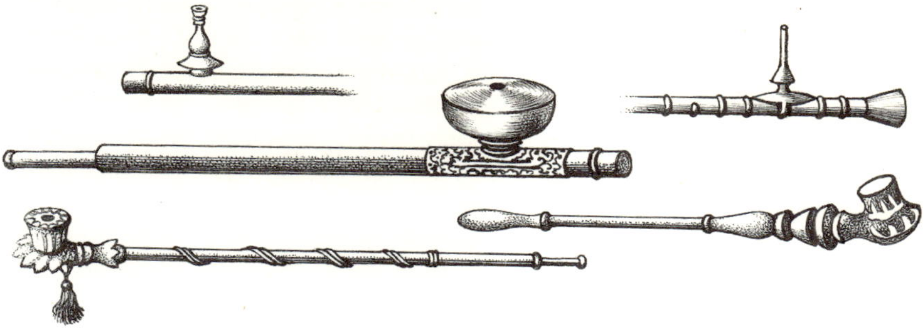

Pipes à opium

les médecins dans des cas précis et avec toutes sortes de précautions, soit pour une insensibilisation locale, soit pour une anesthésie, soit pour calmer rapidement des cas de fureur incontrôlée, etc. Mais les sensations que ces drogues procurent finissent par être recherchées pour elles-mêmes, et les gens «normaux» se demandent comment on peut en arriver là. Les psychologues avancent plusieurs hypothèses. Certains individus se trouvent malheureux sans savoir pourquoi. Ce sont en général des hommes ou des femmes qui ne s'intéressent à rien, qui souffrent de ce que Cocteau appelait la «difficulté d'être», et qui tentent n'importe quoi pour échapper à eux-mêmes et à leur condition. Comme ces drogues pendant un moment les font «voyager» dans un autre monde, ils y prennent goût et y reviennent, d'autant plus qu'un premier usage crée un besoin physique tyrannique et irrépressible. D'autres psychologues y voient une tendance suicidaire, et pensent que ceux qui en meurent, comme on le voit trop souvent, le cherchent plus ou moins consciemment. Il se peut aussi que pour certains individus fragiles, l'ennui insurmontable provoqué par les conditions actuelles de l'existence — peur de l'avenir, chômage, solitude, incuriosité — invitent à n'importe quelle expérience pour sortir de ce labyrinthe sans issue.

Mais on a étudié de près l'usage des psychotropes chez les peuples d'Amérique centrale. Il y est, ou du moins y était, complètement différent de ce qu'il est devenu chez nous. Il faisait partie d'un rite religieux, et les champignons psychotropes avaient un nom qui signifiait «chair de dieu». Ils étaient consommés uniquement par des prêtres ou des chamans spécialistes, dans des conditions très sévères. Après cette consommation rituelle, le prêtre avait des visions, et il était alors capable de dire où se trouvait tel objet perdu, quelle était la nature de telle ou telle maladie, ou de donner des nouvelles d'un absent, fût-il au loin. Ces champignons sont maintenant bien connus, et il en existe d'analogues dans notre flore, que nous nous garderons bien d'indiquer. Ces anciens Mexicains utilisaient aussi un cactus, le fameux «Peyotl», qui donne des visions colorées et transporte ses usagers dans un autre monde.

Mais l'usage de ces «plantes à visions» n'est pas recommandable. Un des sorciers spécialisés a indiqué à un des chercheurs que pour les consommer il fallait avoir le cœur pur, car les méchants ne voient que des monstres ou des spectacles horribles.

Familles maudites

Certaines familles végétales semblent être plus que d'autres vouées à la toxicité. Chez nous au premier rang se rangent les Renonculacées. Il n'y a pour ainsi dire pas d'espèce de cette famille nombreuse qui ne recèle des toxines plus ou moins abominables, le record absolu étant tenu par les Aconits de diverses espèces, et dont le poison est mortel à doses infimes. Viennent ensuite les Solanacées. On pense à la Jusquiame et à la Belladone, mais qui se doute que les feuilles de nos modestes pommes de terre sont violemment vénéneuses? Les nombreuses espèces exotiques de ce genre *Solanum* sont toutes dangereuses. Au même titre peut-on citer les Liliacées. Si les ails, les oignons, les poireaux et la ciboulette font partie de notre vie quotidienne, il faut savoir que les bulbes des Tulipes et des Jacinthes sont tous toxiques, au même titre que ceux des Amaryllidacées, comme ceux des Narcisses, des Perce-neige, des Amaryllis que nous cultivons en pots ou des Clivias de nos appartements.

Une autre famille terrible est celle des Apocynacées. Elle n'est représentée chez nous que par la Pervenche qui est à peu près inoffensive, et par le laurier rose, facilement mortel. Mais sous les tropiques, cette famille est innombrable et offre quelques-uns des végétaux les plus dangereux de la terre. Les Ombellifères chez nous comptent la série fâcheuse des Ciguës, dont la réputation n'est plus à faire. Les Papavéracées fournissent l'opium et ses tristes dérivés, morphine et héroïne en particulier.

Les poisons distillés par toutes ces plantes sont le plus souvent des alcaloïdes de formules très diverses, mais presque tous pourvus de propriétés délétères. Ils peuvent agir ou comme poisons cardiaques, ou s'attaquent au système nerveux, ou au sang, ou aux reins, ou au foie. Les formules de ces alcaloïdes sont très compliquées, et certaines plantes en contiennent non pas un, mais toute une série, comme c'est le cas pour le pavot à opium. Il a fallu de très longs travaux à nos chimistes pour y voir clair, et on en découvre chaque jour de nouveaux.

DESCRIPTIONS DES ESPÈCES

Jiquirity
Abrus precatorius

Légumineuses
Leguminosae

Ce n'est pas une plante de chez nous, et vous ne la rencontrerez jamais. Il s'agit d'une liane de l'Inde qui donne de belles fleurs rouges, de la même forme que celles de la Glycine. A ces fleurs succèdent des graines superbes, sphériques, grosses comme un pois, d'un rouge vif et brillant et pourvues d'une jolie tache noire à leur point d'insertion de la graine dans sa gousse. Mais vous verrez assez souvent ces graines disposées en colliers, ou en chapelets (d'où l'adjectif *precatorius,* qui signifie à prières) très décoratifs. Le malheur est que ces graines sont d'une toxicité prodigieuse, et qu'elles ont ainsi causé pas mal d'accidents. Il suffit en effet d'avaler la moitié d'une de ces graines pour être condamné à mort sans remède. Le poison qui a été isolé s'appelle l'abrine, et il suffit d'une dose d'un centième de milligramme par kilo de poids corporel pour entraîner la mort. Cette toxine provoque l'agglutination des globules rouges du sang et fait mourir très rapidement par asphyxie, le tout s'accompagnant de nausées, de spasmes violents, d'hallucinations, de convulsions, avant le collapsus final. Si vous voyez donc chez des marchands de bibelots exotiques des colliers faits de ces graines, ne les achetez jamais. Une simple inattention pourrait provoquer une catastrophe.

L'illustration représente trois graines d'Abrus, et une gousse ouverte, montrant comment la tache noire de la graine correspond à son attache avant sa chute.

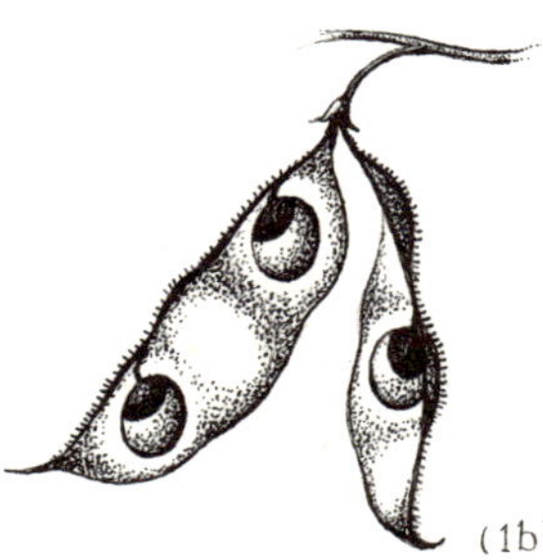
(1b)

Tige en fleurs
Le dessin montre la disposition des graines du Jiquirity dans leur gousse. On distingue très bien le petit disque noir qui ressort sur le rouge de la graine et lui donne son aspect caractéristique.
Fruit : gousses ouverte (1b) et fermées (1a)
Graines : rouges, brillantes, avec tache noire (2)

2
1a

Aconit
Aconitum napellus

C'est une Renonculacée superbe. Elle est commune dans les endroits humides de nos montagnes où elle forme des touffes imposantes. La tige a de 60 à 120 cm de haut, elle est simple, porte des feuilles d'un vert sombre extrêmement découpées, et à son sommet un épi de fleurs très caractéristiques. Elles sont violettes, en forme de casque, le sépale supérieur coiffant l'ensemble des organes floraux. D'où son nom allemand de «Casque de fer». La racine est faite d'un vieux tubercule charnu, qui disparaîtra à la fin de la végétation, mais qui sera remplacé par deux ou trois tubercules plus jeunes qui assureront la floraison de l'année suivante. Cette plante est si belle qu'elle est souvent cultivée dans les jardins. Mais c'est de loin la plante la plus toxique de nos climats.

Les principes toxiques de cette plante (ainsi que de tous les autres Aconits, car il en existe au moins une trentaine d'espèces) sont des alcaloïdes terpénoïdes, la napeline, la napelonine, l'aconine, et l'aconitine. Un milligramme d'aconitine suffit à faire mourir un homme. L'effet de ce poison est une paralysie respiratoire. Tout commence par des coliques et des vomissements, puis des difficultés respiratoires, un affolement du rythme cardiaque, et très souvent une mort quasi fulgurante. Si toute la plante est dangereuse, ce sont surtout les racines qui contiennent le plus de toxines, et surtout au moment de la floraison.

L'illustration montre très bien la constitution de la fleur, et celle de la graine faite de trois capsules qui s'ouvrent à la maturité.

Aconitum napellus en fleurs
Il y a plusieurs espèces d'Aconits. A côté du classique Napel, on trouve souvent dans les mêmes stations de montagne l'Aconit tue-loup, plus modeste de taille, et à fleurs jaunes. Ses propriétés sont les mêmes.
Une intéressante forme de la fleur, à casque monstrueux (3)
Une autre forme de la fleur (1)
Follicules avec graines (2)

3

1
2

Actée en épi Renonculacées
Actaea spicata *Ranunculaceae*

C'est une plante vivace, issue d'un rhizome charnu et puissant. Sa tige est érigée, ramifiée, de 60 à 70 cm de haut. Les feuilles sont composées et divisées en deux, trois ou quatre folioles cordiformes, la dernière étant toujours simple. Ces folioles sont toujours dentelées sur les bords, légèrement velues, et d'un vert franc. Les fleurs sont mixtes, étoilées; blanches et disposées en épis plus ou moins allongés. La fleur présente une corolle faite de quatre ou six pétales ou sépales blancs, et est pourvue de longues étamines filiformes qui dépassent la corolle et entourent un ovaire composé d'un ou deux carpelles. Le fruit est une baie noire, de 2 ou 3 mm de diamètre, brillante et juteuse, de saveur très amère. Cette plante est assez rare en plaine, mais fréquente dans les étages subalpins des montagnes, où elle se trouve dans les clairières et souvent autour des arbres plantés dans les pâturages. Comme elle est assez décorative, surtout au moment de la floraison, elle est souvent plantée dans les jardins de rocaille.

Les principes toxiques de cette plante sont encore mal connus. Il faut s'en méfier surtout au moment de sa fructification. On sait du moins que ses racines constituent un purgatif violent, et que ses baies contiennent une substance vésicante qui provoque de violentes réactions gastro-intestinales et des coliques très douloureuses. Il faut surtout mettre en garde les enfants contre la tentation de consommer les baies de cette plante, qui pourraient les rendre très malades.

L'illustration montre très bien à la fois la constitution de la fleur et des fruits.

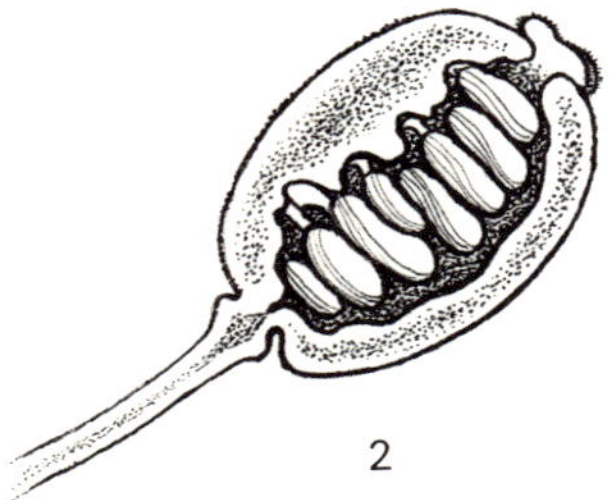

2

Plante en fleurs
Détail du fruit (2)
Détail de la fleur (1)
La baie noire d'Actée en épi contient à l'intérieur une douzaine de graines blanches disposées en rang. En dehors de ses propriétés maléfiques, c'est une jolie plante souvent plantée dans les jardins alpins où ses grappes de fleurs blanches sont d'un bel effet.

1

Adonis d'été
Adonis annua (aestivalis)

Renonculacées
Ranunculaceae

Cette plante est le type même d'une série de ces plantes dites «messicoles», c'est-à-dire parasites des moissons, et qui ne seront bientôt plus qu'un souvenir, car l'usage des désherbants sélectifs les fait toutes disparaître les unes après les autres. Cet Adonis d'été est donc une plante annuelle, avec une tige simple et non ramifiée, de 50 cm de haut. Les feuilles de la base sont pétiolées, mais celles du haut de la tige sont acaules, et elles sont pourvues de 3 ou 4 divisions. Les fleurs sont solitaires, avec 6 ou 8 sépales glabres, d'un beau rouge éclatant, avec une tache noirâtre à la base. Les graines se présentent sous forme d'un épi serré, et elles sont sèches et pourvues d'un bec pointu. On ne trouvait cette plante que dans les champs de céréales en terrain calcaire. Elle appartient à la flore de l'Europe moyenne, car elle manque à la fois dans le Nord et dans le Midi.

Quoique cette plante si jolie soit très toxique, on ne lui attribue guère d'accidents, car il ne viendrait à personne l'idée de la consommer. Ses propriétés sont d'ailleurs les mêmes que celles de l'Adonide de printemps, décrite plus loin.

Les figures 1 et 2 donnent une bonne image à la fois de la forme de la fleur et de la disposition des graines. On pourrait peut-être admettre que ces graines broyées par erreur avec celles du blé ou du seigle seraient dangereuses, mais le tri auquel sont soumises nos céréales exclut cette supposition.

2

1

Adonis aestivalis en fleurs : fleurs rouge foncé
Pour l'Adonis d'été, la figure 1 montre bien la disposition des pétales d'un rouge éclatant avec leur tache noire à la base.
Akènes (2)

Adonide de printemps Renonculacées
Adonis vernalis *Ranunculaceae*

C'est une plante fort rare en France, où on ne la trouve que çà et là dans les Cévennes et dans une ou deux stations d'Alsace. Et c'est bien dommage, car elle est très belle. D'une souche courte et ligneuse, épaisse et noirâtre sortent des tiges de 10 à 30 cm de haut, absolument lisses. Les feuilles de la base se réduisent à de simples écailles, tandis que celles qui accompagnent la tige sont finement divisées en lanières presque filiformes. La fleur, d'habitude solitaire, se trouve au sommet de la tige. Elle est jaune vif, et pourvue de 10 à 15 pétales oblongs, et le diamètre de la fleur va de 6 à 10 cm. Les carpelles sont obovales, poilus, arrondis, avec un bec court et recourbé. On cultive fréquemment cette plante dans les jardins de rocaille où elle se plaît car sa station naturelle se trouve dans les endroits les plus caillouteux et arides.

Toute la plante a une saveur âcre et amère. Elle est très toxique, à cause d'une adonidotoxine qui lui est propre et qui s'accompagne d'un dérivé coumarinique appelé vernadin. Quand par hasard des animaux mangent cette plante fraîche (car elle semble inoffensive une fois sèche), ils sont pris de violentes coliques et d'une diarrhée rebelle à tout traitement.

L'issue de cette intoxication est généralement la mort par épuisement de la victime.

Il n'empêche que la pharmacopée a su tirer de cette plante des substances utiles pour certaines affections cardiaques. Mais bien entendu il ne saurait être question d'en tirer soi-même des remèdes, étant donné le danger extrême présenté par toutes les parties de ce végétal.

La figure principale donne une très bonne image à la fois de la plante elle-même et de sa graine.

2

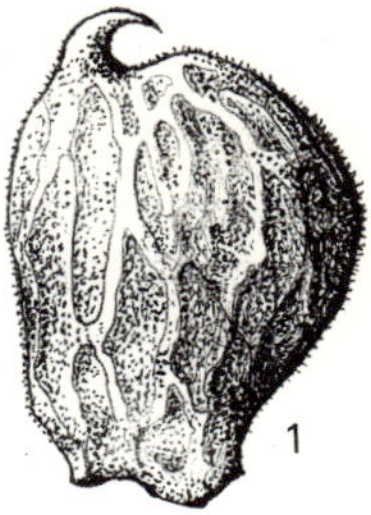

Tiges d'*Adonis vernalis* à fleurs et sans fleurs
Ci-contre : détail de la fleur éclose dans la couronne de ses feuilles délicatement dentelées.
Détail d'un akène crochu (1)
Adonis vernalis en fleurs (2)

Petite Ciguë, faux Persil Ombellifères
Aethusa cynapium *Umbelliferae*

C'est une mauvaise herbe qui peut être dangereuse, car elle est commune au bord des chemins ou même dans les jardins un peu négligés, où on peut la confondre avec le persil qui lui ressemble un peu. Cette petite Ciguë est une plante annuelle de 30 à 40 cm de haut, glabre, d'un vert sombre (bien plus foncé que celui du vrai persil, beaucoup plus pâle). La tige est striée, creuse, rameuse souvent sillonnée de lignes rougeâtres. Les feuilles sont molles, triangulaires, divisées et subdivisées en filaments presque linéaires. Les fleurs sont blanches, en ombelles de 5 à 10 rayons. Les graines se forment par deux et sont profondément côtelées.

Pour être sûr d'éviter toute confusion avec le persil, on recommandera aux personnes méfiantes de ne cultiver que le persil dit frisé, qui ne peut prêter à aucune confusion.

Il en existe une variété naine, et une autre presque géante, mais toutes deux plus rares.

Toutes les parties de la plante sont toxiques, et doivent leurs propriétés à un alcaloïde appelé conicine, un autre appelé cynapine, plus une huile volatile dite nitrilglicoside. Toutes ces substances sont de violents poisons pour le cœur dont ils ralentissent les battements. On ne connaît pas d'usages médicinaux à cette Ciguë, qui entrait probablement dans la composition du poison auquel fut condamné le philosophe Socrate, et dont Platon relate l'agonie avec une précision toute clinique.

Les figures 2, 1a et 1b proposent une bonne image de la feuille et de la coupe du fruit.

Plante en fleurs ; morphologie des feuilles
Akènes avec leur coupe anatomique (1a et 1b)
On voit nettement sur ces figures en coupe du fruit de cette Ciguë les côtes caractéristiques qui la distinguent des espèces voisines.
Les feuilles du persil peuvent être facilement confondues avec celles de *Aethusa cynapium* (2)

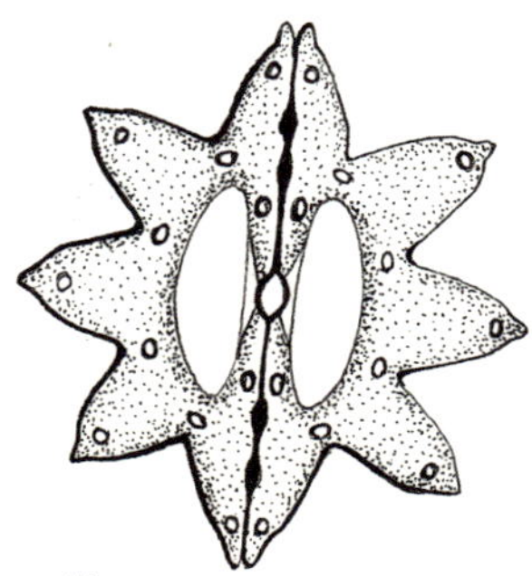
1 b

1a
2

Nielle Caryophyllacées
Agrostemma githago *Caryophyllaceae*

C'est une belle plante annuelle en voie de disparition, comme toutes les «mauvaises herbes» des moissons, éliminées peu à peu par les désherbants sélectifs. Elle atteint 1 m de haut, à tige simple ou à peine ramifiée, à racine pivotante, à feuilles lancéolées et velues. Les fleurs sont hermaphrodites, groupées par deux ou trois à l'extrémité des tiges. Le calice persistant est composé de cinq sépales formant un tube terminé par des pointes. La corolle est faite de 5 pétales d'un beau rose, de forme tronquée. La capsule qui contient les graines est grosse et elle en contient une dizaine. Ces graines sont noires, de la taille d'un grain de blé, et elles ne seraient pas dangereuses par elles-mêmes, si elles ne se mêlaient parfois aux graines de céréales quand elles sont mal triées. Quand leur farine se mélange à celle du blé, elle peut provoquer de graves accidents. Car si toute la plante est toxique, ce sont surtout les graines qui contiennent un saponoside appelé sapotoxine et une sapogénine appelée githagénol. Ces graines peuvent en contenir de 5 à 7 % de leur poids. Leur toxicité est telle que selon les expériences tentées sur des animaux, il suffit de 5 à 7 gr de graines par kilo de poids de l'animal pour le faire périr. Ces diverses saponines ont des propriétés hémolysantes et détruisent les globules rouges du sang. De plus elles attaquent le système nerveux et provoquent des paralysies.

Ces intoxications étaient autrefois assez fréquentes, mais sont devenues très rares, étant donné le soin avec lequel sont maintenant triées les graines panifiables, et grâce aussi à la disparition progressive de cette espèce que les botanistes modernes ne connaîtront plus.

Agrostemma githago : boutons et fleurs ouvertes
Fruit : capsule dans le calice (1a)
Détail de l'ovaire avec schéma de sa coupe transversale (1b)
Graine agrandie avec structure détaillée (2)
La graine de la Nielle, toute hérissée de protubérances râpeuses, contient les principes toxiques dangereux qui autrefois se trouvaient mélangés avec les farines mal surveillées.

2

1a
1b

Amaryllis belle-dame — Amaryllidacées
Amaryllis bella-donna — *Amaryllidaceae*

Cette superbe Amaryllidacée nous vient du Cap de Bonne-Espérance. Elle forme un bulbe de la taille d'un œuf d'oie, et davantage, enveloppé de grosses tuniques brunes. Au mois d'août ou de septembre, alors que le sol est nu, il en sort une tige d'un mètre de haut portant à son sommet une ombelle de 6 à 10 fleurs très grandes, en forme de lis, légèrement inclinées, d'un beau rose tendre, et elles exhalent un parfum suave, qui évoque à la fois la rose et l'abricot. Les feuilles ne se montrent qu'après la floraison et se développent tout l'hiver pour sécher au printemps. Aussi cette plante ne réussit-elle vraiment que dans le Midi, où son feuillage ne risque pas d'être détruit par les gelées de l'hiver.

L'ovaire de la fleur se trouve en dessous de la corolle, comme chez toutes les Amaryllidacées, ce qui les distingue des Liliacées chez qui l'ovaire est à l'intérieur de la corolle.

Toutes les Amaryllidacées sont toxiques, y compris nos Narcisses d'aspect si innocent. Les espèces exotiques semblent l'être encore davantage, et l'âcreté de leur bulbe et de leur feuillage est telle qu'aucun animal n'y touche jamais. Ces bulbes contiennent toute une série d'alcaloïdes de formule compliquée, et tous aussi nocifs les uns que les autres. Il est donc bon de le savoir, pour n'avoir pas à confondre les oignons de cette plante avec ceux du potager, car les conséquences seraient désastreuses. Toute la série des Amaryllis, appelés maintenant Hippeastrums, sont dans le même cas, et exigent donc les mêmes précautions. Leur poison agit à la fois sur l'appareil digestif et sur les centres nerveux qu'il paralyse rapidement

1

Amaryllis bella-donna en fleurs
Une autre Amaryllidacée, commune sous nos climats, est le Perce-neige *(Galanthus nivalis)* qui fleurit dès le mois de février (1). Son bulbe est sévèrement toxique, et provoque des vomissements incoercibles.

Amianthium muscaetoxicum

C'est là une plante qu'on ne risque pas de rencontrer chez nous, car son aire est limitée à l'est des Etats-Unis. Elle y pousse dans les marais. Ses graines, contenues dans trois capsules connées, sont extrêmement toxiques. Le nom de tue-mouche donné à cette curieuse espèce vient de ce que ces graines broyées dans du lait ou de l'eau sucrée attirent les mouches qui tombent quasi-foudroyées après en voir absorbé. Inutile d'ajouter que cette plante serait aussi dangereuse pour les humains qui auraient la tentation d'y goûter. Mais comme pour la plupart des plantes toxiques, son âcreté qui est terrible empêcherait toute tentative de consommation. On ne peut guère citer ici cette curieuse plante qu'à titre documentaire, et on n'a aucune chance de la voir en dehors de quelques jardins botaniques où elle figure parmi les raretés, quand elle s'y trouve. Il y en eut autrefois, paraît-il, au Jardin des Plantes de Paris, mais elle en a disparu depuis longtemps.

1

Tige de *Amianthium muscaetoxicum* en fleurs
Détail de la capsule (1)
Détail des graines agrandies (2)
Cette Liliacée américaine ressemble curieusement à une espèce de chez nous, l'Ornithogale des Pyrénées, qui malgré son nom se trouve dans toutes les forêts fraîches. Mais dans l'Est, on récolte au printemps l'épi de cette plante quand il est encore en bouton, et on le consomme sous le nom d' «Asperge des bois».

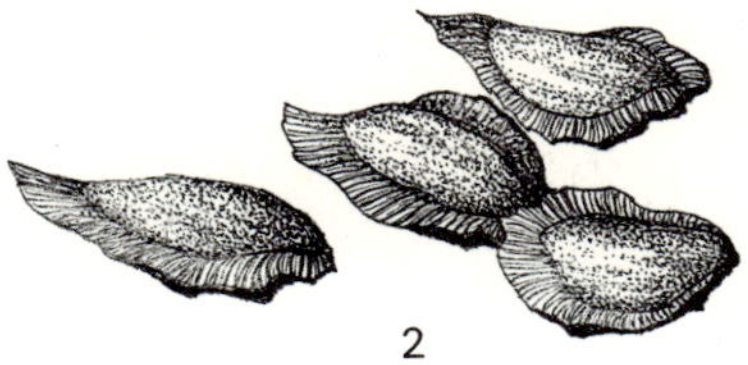

2

Anémone sylvie
Anemone nemorosa

Renonculacées
Ranunculaceae

Cette Anémone est la plus commune de toutes les espèces européennes. On la trouve au printemps dans toutes les forêts un peu fraîches, où elle forme souvent des tapis très décoratifs. La souche en est allongée, charnue, blanchâtre, cassante. Il en sort une hampe de 10 à 30 cm, grêle, légèrement poilue. Cette tige porte une ou deux feuilles au plus assez haut sur la hampe, palmatiséquées à 3 ou 5 segments, incisées et dentées. Les pédoncules des fleurs, d'abord verticaux, peu à peu se courbent et la fleur à la fin est penchée vers le sol. Elles sont blanches, roses ou purpurines, et ce qu'on prendrait pour des pétales sont en réalité des sépales colorés. Les graines se présentent sous la forme de carpelles réunis en grappe pourvus d'un court bec glabre.

Cette espèce se trouve dans toute la France et dans toute l'Europe, de la plaine à la montagne. Toute la plante est d'une âcreté extrême, si bien qu'aucun animal n'y touche jamais. Elle fleurit de mars à mai, et toute la plante semble disparaître après la floraison, sa végétation n'ayant lieu que pendant la période où les arbres n'ont pas encore de feuilles.

Cette espèce contient les mêmes toxines que toutes les autres Anémones, en particulier une «protoanémonine», qui provoque de violentes contractions musculaires, des coliques sanglantes, des troubles respiratoires et cardiaques et de l'hématurie. Comme beaucoup de plantes de la famille des Renonculacées, celle-ci devient à peu près inoffensive une fois desséchée.

1

Anemone nemorosa, et détail des fleurs et boutons, avec une nette coloration rose sur la face inférieure des pétales
Anemone ranunculoides (1)
Anemone narcissiflora (2)
On rencontre souvent, à côté de l'Anémone sylvie, l'Anémone fausse Renoncule, qui s'en distingue par ses fleurs jaunes, couleur rare chez les Anémones. Ses propriétés sont les mêmes.

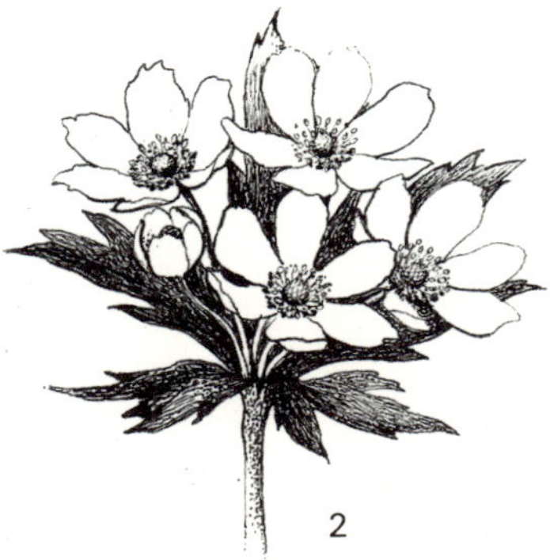

2

Poison de flèches
Antiaris toxicaria

Moracées
Moraceae

De tout temps, les différents peuples d'Afrique du Sud, ou de l'Amérique tropicale, ou de l'Insulinde, ont su se servir de toutes sortes de substances extraites de végétaux divers pour rendre plus efficaces les coups portés par leurs flèches ou armes de jet. La strychnine, le curare, les sèves de plusieurs Aracées ou Euphorbiacées et Apocynacées ont été utilisés dans ce dessein. A Java, c'est la sève d'une Moracée, *l'Antiaris toxicaria,* dont on enduisait la pointe des javelots, qui ainsi traités avaient un effet quasi foudroyant sur les animaux atteints — et sur les hommes aussi, le cas échéant. Cette sève était d'abord recuite selon des rites compliqués, puis conservée dans de petits pots de terre hermétiques qu'on portait à sa ceinture pour s'en servir au besoin.

Bien entendu, on ne saurait trouver de plantes de cette sorte sous nos climats, et c'est à titre purement documentaire que nous citons ici un végétal aussi redoutable. La figure ci-dessous représente deux de ces pots avec les javelots qui les accompagnent.

On se souvient peut-être qu'il y a quelques années un crime politique jamais éclairci a été commis en Angleterre sur un dissident bulgare, qui fut piqué par un inconnu au moyen d'une pointe de parapluie enduite de curare, et le malheureux en mourut presque instantanément. Tout est donc toujours possible.

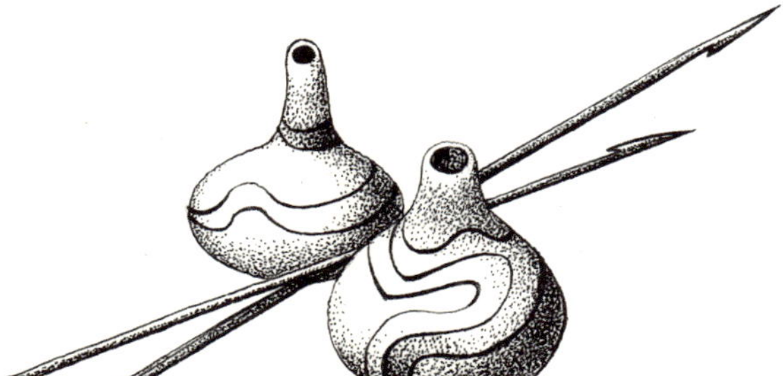

1

Rameau d'*Antiaris toxicaria* en fleurs, avec détail de la forme des feuilles
Pots dans lesquels les indigènes transportent le poison dont ils enduisent leurs javelots (1)

Chanvre des Peaux-Rouges Apocynacées
Apocynum androsaemifolium *Apocynaceae*

C'est une robuste plante vivace, qui peut atteindre 1,50 m de haut, pourvue de tiges solides et rigides. Cette tige exsude à la cassure un latex blanc très toxique. Les feuilles sont ovales et opposées. Les fleurs, disposées en cymes terminales, sont petites et blanches ou teintées de rose. Les pétales sont soudés entre eux sur presque toute leur longueur. Les graines se forment dans de longues siliques en forme de sabre, de 10 à 20 cm de long. L'*Androsaemum cannabinum* lui ressemble tellement qu'il s'agit sans doute de deux simples formes de la même espèce.

On l'appelle Chanvre des Peaux-Rouges parce que les Indiens d'Amérique utilisaient les fibres de la tige comme textile.

Toute la plante est très toxique, surtout pour les animaux, et même pour l'homme à l'occasion. La toxine produit de graves accidents cardiaques. Il suffit de 15 à 30 g de feuilles pour entraîner la mort de la victime. Les symptômes sont un abaissement subit de la température du corps, l'irrégularité du pouls, une dilatation des pupilles, une profonde prostration et finalement la mort. Cette plante se trouve dans les terrains vagues, les pâturages rocailleux; elle est localisée dans l'est des Etats-Unis et du Canada.

On utilise en Amérique les racines séchées en infusions comme émétiques, et surtout comme diurétiques en cas d'hydropisie. On étudie actuellement son poison, voisin de la coumarine, dans les recherches entreprises contre diverses formes de cancers.

Cette plante avait été cultivée autrefois au Jardin des Plantes de Paris, mais elle en a disparu depuis longtemps.

Plante en fleurs avec détail de la forme des feuilles.
Tige en fleurs de l'espèce voisine *A. cannabinum* (2)
Détail de la graine (1)

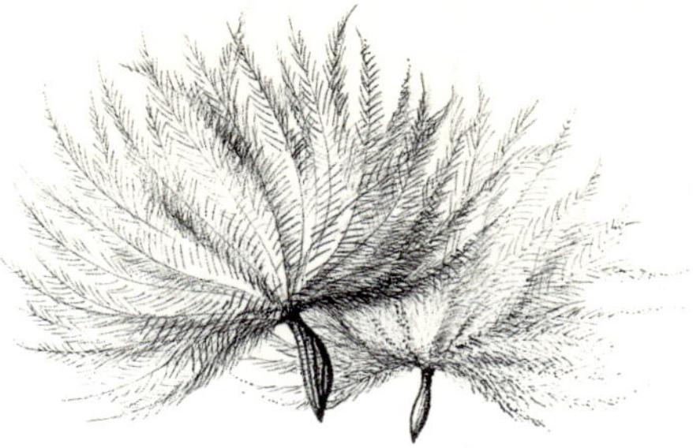

1

Ancolie — Renonculacées
Aquilegia vulgaris — *Ranunculaceae*

Cette belle Ancolie est très commune dans toute l'Europe, de la plaine à la montagne, aussi bien dans les prairies que dans les bois s'ils ne sont pas trop épais. C'est une plante vivace de 50 à 100 cm de haut, poilue, rameuse dans le haut. Les feuilles du bas sont longuement pétiolées et peu divisées. Celles du haut sont sessiles. Les fleurs sont bleues, rarement blanches, grandes, longuement pédonculées, en panicules lâches. Les pétales sont arrondis en crochet, dressés vers le haut et ouverts vers le bas d'une façon très caractéristique. On trouve dans les Alpes la trop rare Ancolie des Alpes, à fleur unique, d'un bleu vif, très grande, qui se plaît surtout dans les mélèzes. De plus, les jardiniers ont hybridé nos espèces européennes avec d'autres qui nous sont venues d'Amérique, et ils ont ainsi obtenu des «variétés» nouvelles d'une richesse de coloris qui les rend précieuses pour l'ornement des massifs de plantes vivaces.

Toutes les Ancolies sont toxiques et d'une extrême âcreté; comme la plupart des Renonculacées. Il suffit de se frotter la peau avec la sève de leurs feuilles pour en ressentir la brûlure. Aucun animal ne touche à ces plantes, dont l'odeur, par ailleurs peu agréable, suffirait à en détourner les amateurs éventuels.

La figure 2 représente la forme normale, mais la figure 3 donne l'image d'un hybride américain, comme le prouve la longueur démesurée des éperons.

3

Aquilegia vulgaris à fleurs bleues; morphologie des feuilles
Structure complexe de la fleur (1)
Différences de formes d'autres taxons, par exemple de *A. flabellata* var. *pumilla* (2), d'une fleur d'Ancolie hybride (3), obtenue en culture par le croisement de notre espèce indigène avec une espèce californienne, et on remarquera la longueur étonnante des éperons des pétales.

2

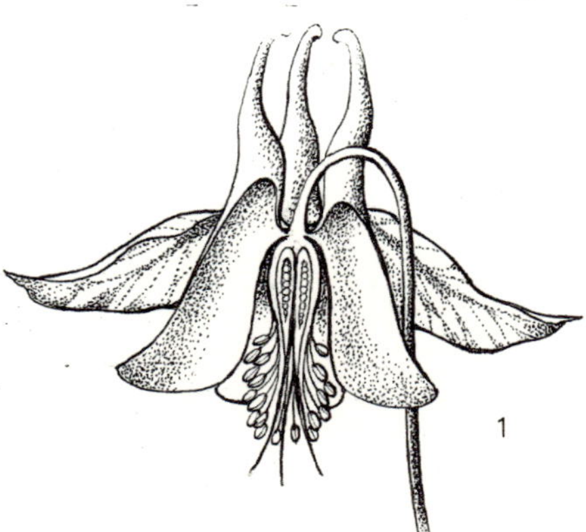

1

Aristoloche — Aristolochiacées
Aristolochia clematitis — *Aristolochiaceae*

C'est une plante vivace de 20 à 80 cm de haut, glabre, à odeur très fétide. La souche est profonde, longuement rampante, cassante, à racines grêles. Les tiges sont dressées et simples. Les feuilles sont grandes, de 6 à 10 cm de large, à la fois ovales et obtuses, profondément découpées en cœur à la base. Elles sont finement denticulées et rudes sur les bords, avec des nervures saillantes et lisses. Les fleurs sont jaunâtres, fasciculées, brièvement pédicellées, plutôt petites. Le périanthe est glabre avec une languette aussi longue que le tube. La fleur est suivie d'une grosse capsule en forme de poire, pendante.

Cette curieuse espèce est assez commune, surtout dans les friches ou dans les vignes mal entretenues. On la trouve dans toute l'Europe et l'Asie moyenne.

C'est une plante très toxique, mais qui cause peu d'accidents à cause de son odeur repoussante. La substance coupable est appelée acide aristolochique. C'est une substance irritante, qui agit sur les vaisseaux capillaires et provoque de graves troubles de la circulation. Il est arrivé que les graines soient confondues avec des graines de Cucurbitacées, mais le cas doit être très rare. On a pu attribuer autrefois à cette plante des accidents graves, car elle était employée comme abortif, avec des risques énormes.

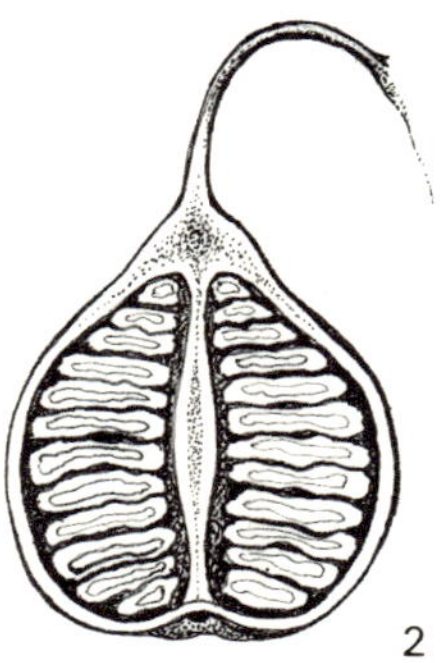

2

Partie de la plante grimpante avec des fleurs poussant à l'aisselle des feuilles
Le fruit de l'Aristoloche (2) a la forme d'une petite figue, mais l'intérieur n'en est pas charnu. Il est entièrement occupé par les graines empilées les unes sur les autres.
Vue détaillée d'une seule fleur (1)

1

Gouet, Pied de veau *Arum maculatum*

Aracées *Araceae*

C'est une plante vivace et herbacée, de 20 à 30 cm de haut, issue d'un rhizome blanchâtre, épais et charnu portant çà et là des bourgeons qui donneront d'autres tiges l'année suivante. Les feuilles sont larges, en forme de fer de lance, ou de «pied de veau», particularité qui a valu à la plante un de ses noms vulgaires. Ces feuilles sont réticulées, et le plus souvent rayées de taches d'un brun noirâtre surtout le long des pétioles. La fleur est d'une constitution très curieuse, comme chez la plupart des Aracées. Elle est enveloppée d'une membrane en cornet, appelée spathe, d'un vert jaunâtre ou violacé sur le bord. A l'intérieur se trouve un spadice beaucoup plus court, à massue d'un rouge violacé. A la base de ce spadice se trouve une couronne d'étamines, et plus bas encore la grappe des ovaires d'où naîtront les graines, qui formeront une grappe de baies rouges en automne. La fécondation est assurée par les mouches qui, attirées par l'odeur nauséabonde de la fleur, s'y glissent, accrochent le pollen au passage, et vont le déposer plus bas sur le pistil.

Toute la plante est très âcre et toxique. Aucun animal n'y touche. Il faut seulement prendre garde en automne que les enfants ne se laissent pas tenter par les baies rouges du fruit, qui sont dangereuses.

On s'est servi autrefois de la fécule des rhizomes pour amidonner le linge, et on dit que dans les temps de grande famine on a consommé ces rhizomes après les avoir fait dégorger à l'eau courante, comme on le fait pour le manioc.

C'est là une famille qui offre sous les tropiques des espèces souvent géantes et d'aspect un peu diabolique.

Arum maculatum en fleurs; feuilles sagittées, tige terminée par un épi
Rhizome bulbeux avec racines (1)
Ce rhizome montre bien les bourgeons qui donneront des tiges à la saison prochaine, dès les premiers jours du printemps.
Disposition des organes mâles et femelles dans la spathe (2)
Arum fécond aux baies rouges (ill. principale)

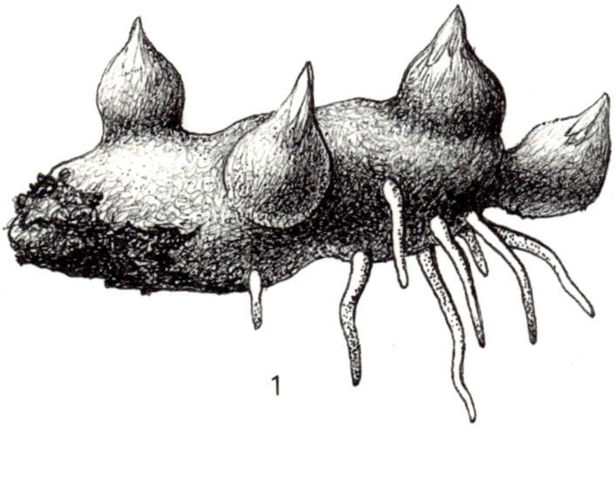
1

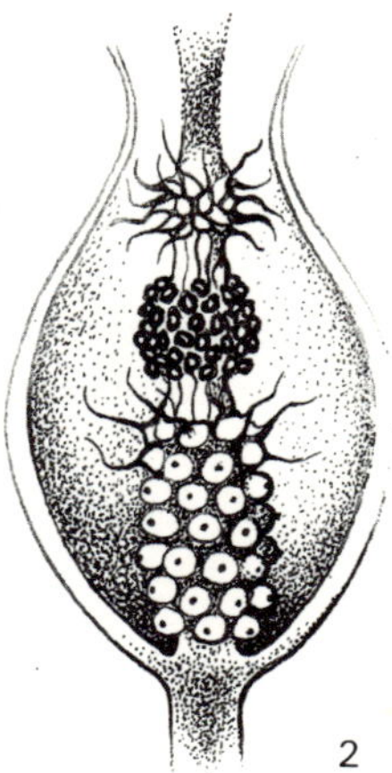
2

Cabaret
Asarum europaeum

Aristolochiacées
Aristolochiaceae

C'est une plante vivace qui n'est pas sans charme, car elle forme dans les sous-bois où elle se plaît de larges touffes d'un beau feuillage brillant et d'un vert sombre particulier. La souche est noirâtre et rampante, et il en sort des feuilles cordiformes courtement pétiolées. A l'aisselle des feuilles se présentent de très petites fleurs noirâtres, velues, presque sans pédoncules. Elles se remarquent si peu qu'il faut se pencher de très près sur la plante pour se douter de leur existence. A la suite de ces fleurs à trois pétales pointus se forment des capsules presque rondes qui s'ouvrent irrégulièrement et laissent échapper des graines ovoïdes très légères, car elles sont creuses à l'intérieur.

Toute la plante, mais surtout la racine, répand une odeur à la fois de poivre et de girofle. Elle est de ce fait irritante, et sans être gravement toxique, elle présente une propriété qui lui a valu son nom populaire de cabaret : en effet, les feuilles séchées et réduites en poudre provoquent de violents éternuements et on les administrait telles quelles aux ivrognes pour les aider à reprendre leurs esprits. Encore aujourd'hui, dans les campagnes, les enfants les utilisent pour faire des farces à leurs camarades.

On peut aussi cultiver cette plante comme ornement dans les sous-bois dont elle est seule à supporter l'ombrage sans en souffrir. On en fait ainsi des bordures très décoratives.

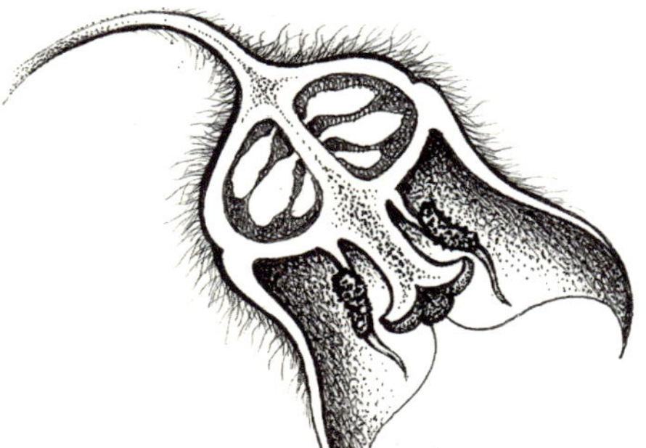

Plante en fleurs, feuilles sur de longs pétioles
Coupe (1) très grossie de la fleur étrange du Cabaret. Elle est de couleur si terne, si bien dissimulée sous le feuillage et de plus si bien tournée vers le sol qu'il faut être prévenu pour la distinguer et se douter de son existence.
Graine (2)

2

Belladone Solanacées
Atropa bella-donna — *Solanaceae*

C'est une puissante plante vivace, de 0,5 à 2 m de haut, dressée, ramifiée à la partie supérieure, sortant d'un gros rhizome cylindrique et charnu. Toute la plante est couverte de poils glanduleux, qui lui donnent un toucher un peu visqueux. Les feuilles sont simples, ovales ou elliptiques. Les fleurs sont solitaires, en tube penché, violacées à l'extérieur et jaunâtres en dedans. Le fruit est une baie à cinq loges, grosse comme une cerise, noire et luisante, très vénéneuse.

Cette curieuse plante est très capricieuse. Elle peut tout à coup apparaître en masse dans un endroit quelconque, avec une préférence pour les terres fraîchement remuées, puis elle disparaît aussi mystérieusement qu'elle était venue.

Elle est surtout dangereuse pour les enfants qui se laissent tenter par ses fruits brillants et sucrés. Ses principes toxiques sont composés de divers alcaloïdes, dont l'atropine, la scopolamine et la nicotine sont les plus dangereux. L'empoisonnement se manifeste par des difficultés respiratoires, par un agrandissement énorme de la pupille, et dans les cas graves le patient meurt par paralysie des voies respiratoires.

Mais la médecine depuis les temps anciens a su tirer de cette plante divers remèdes qui, administrés à doses convenables, sont efficaces dans beaucoup de cas. Bien entendu, ils sont du ressort du médecin seul, et il ne saurait être question pour un simple amateur de faire usage d'un végétal comportant autant de risques mortels.

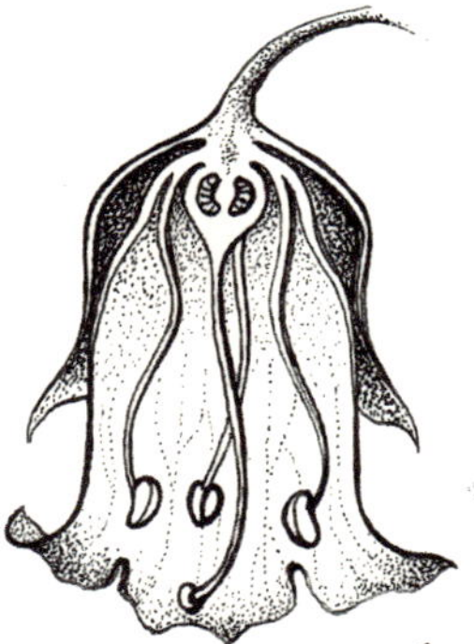

1

Tige de Belladone avec des fleurs pourpres, sur l'une des feuilles on voit un Doryphore
Coupe de la fleur en cloche (1) de la Belladone. On notera que cette plante est attaquée par les doryphores, qui sont insensibles à ses toxines, comme à celles des feuilles de pommes de terre ou d'aubergines.
Baie mûre, noire et brillante, entourée de sépales (2)

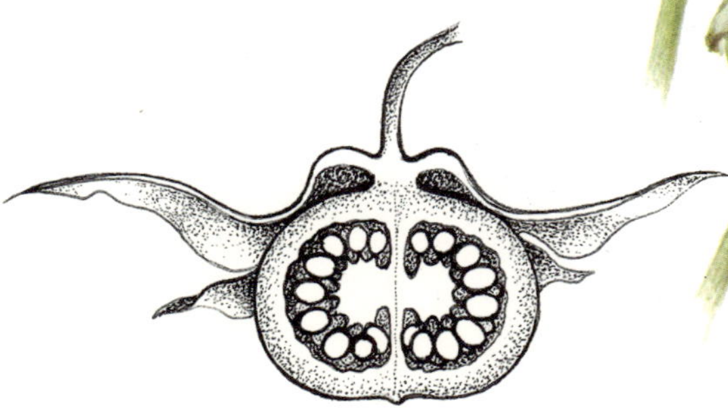

2

Bryone
Bryonia cretica ssp. dioica

Cucurbitacées
Cucurbitaceae

La Bryone est une des rares Cucurbitacées indigènes en France, car cette famille est surtout tropicale. C'est une plante vivace, hérissée de petits poils renflés à la base, à racine très grosse et charnue, appelée vulgairement «navet du diable», à cause de ses propriétés vésicantes. Les tiges sont très longues, rampantes et grimpantes, munies de vrilles qui s'accrochent en spirales à tous les obstacles. Les feuilles sont palmatilobées, pourvues de 3 à 5 folioles aiguës. Les fleurs sont verdâtres, petites, dioïques, c'est-à-dire qu'il en est de mâles et de femelles. La baie qui suit la fleur est de la taille d'un pois, dressée, globuleuse, lisse, rouge à la maturité, à suc très fétide, et contenant de 4 à 6 graines elliptiques.

On trouve cette plante çà et là dans les haies et les buissons, au bord des chemins, dans toute l'Europe et en Asie occidentale.

Toute la plante est toxique, et elle n'était employée autrefois que comme remède externe. La racine en particulier, utilisée en frictions avec prudence, provoque une révulsion violente, et passait pour neutraliser les douleurs rhumatismales. On l'avait également employée à doses infimes comme vomitif, comme purgatif drastique, et aussi contre les hydropisies, la paralysie et les dartres. Mais son emploi est si dangereux qu'il semble avoir été complètement abandonné aujourd'hui. A peine voit-on encore parfois des charlatans qui en proposent les racines aux clients naïfs. En tout cas, les gens prudents n'y toucheront jamais.

1

Fleur mâle de la Bryone. Elle ne contient que des étamines, tandis que l'ovaire se trouve sur une autre fleur. On voit aussi les vrilles par lesquelles la Bryone réussit à s'élever dans les buissons, selon le même mécanisme que la vigne.
Morphologie des fleurs : (1) ♂, (2) ♀

2

Calla des marais
Calla palustris

Aracées
Araceae

Les Calla appartiennent à une famille, celle des Typhacées, très voisine des Aracées, à laquelle beaucoup de botanistes la rattachent. Cette plante-ci est vivace, issue d'un long rhizome rampant, sombre écailleux, articulé et horizontal. Il en sort des feuilles toutes radicales, en forme de cœur, terminées en pointe, pétiolées et engainantes. La spathe est persistante, étalée, plane et ovale, blanche en dedans. Le spadice dépasse la spathe, entièrement recouvert de fleurs hermaphrodites disposées en épi ovale. Les baies sont rouges, en épi compact, faites d'une loge contenant plusieurs graines. Cette curieuse plante n'est pas tellement commune. On la trouve surtout dans les marais tourbeux de l'Est, en Lorraine, dans le Jura et dans les Alpes.

Les fruits en sont évidemment toxiques, comme tous ceux de la famille, mais on est très mal renseigné sur leur nocivité réelle. On sait seulement qu'on a signalé des accidents digestifs graves survenus chez des bovins qui en avaient brouté les feuilles. Comme cette plante est à la fois rare et peu tentante, les dangers qu'elle présente sont à peu près négligeables, et elle doit surtout être considérée comme une curiosité botanique, car elle est le seul représentant de ce genre en Europe.

2

Plante en fleurs avec une partie du rhizome
Coupe longitudinale de la fleur (1)
Baie (2)
Le fruit du Calla ressemble beaucoup à celui de l'Arum tacheté. C'est que le Calla appartient lui aussi à la nombreuse famille des Aracées.

Populage, Souci d'eau — Renonculacées
Caltha palustris — *Ranunculaceae*

C'est une Renonculacée très commune dans tous les terrains humides et au bord des ruisseaux. La souche en est courte, verticale, à fibres charnues. La tige est de 20 à 40 cm, ascendante, creuse, glabre et luisante. Les feuilles sont longuement pétiolées, en cœur arrondi, crénelées, d'un beau vert brillant. Les fleurs sont grandes, d'un beau jaune doré, ouvertes, solitaires. Les sépales sont au nombre de cinq, et on les prend pour des pétales. Ils sont rapidement caducs. Les pétales proprement dits sont nuls. La graine se présente sous la forme de follicules de 5 à 10, à bec court, divergent, tantôt droit, tantôt crochu.

C'est une plante extrêmement âcre, à laquelle les animaux ne touchent jamais. Il arrive qu'elle puisse provoquer quelques accidents par confusion avec le jeune feuillage de la Ficaire fausse Renoncule, qu'on récolte couramment dans l'Est comme salade de printemps, car son amertume agréable la fait ressembler à celle du cresson. Mais si la Ficaire est comestible, au moins à l'état très jeune (elle se récolte sous le nom de «Rondelotte»), les feuilles du populage sont puissamment vomitives et d'ailleurs d'une âcreté intolérable.

On en trouvait autrefois dans les jardins une forme à fleurs pleines, très décorative, qui semble avoir malheureusement disparu des catalogues modernes.

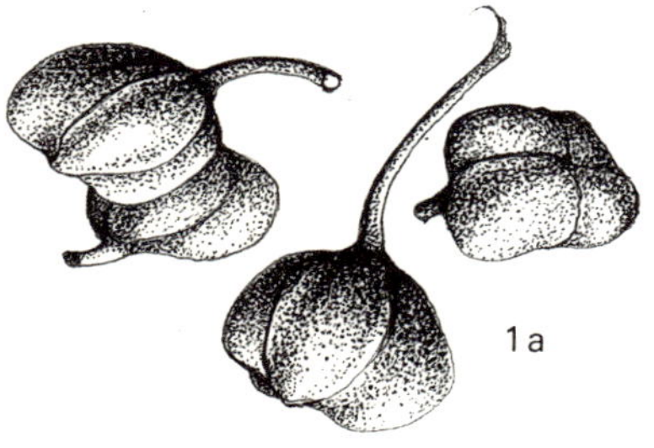

1 a

On falsifie parfois les Câpres *(Capparis spinosa)* avec les boutons à fleur du Populage. C'est évidemment une fraude grave et interdite. La très belle fleur du câprier (1b) est représentée ci-dessous, et ses boutons ici à gauche.
Fruit de *Caltha palustris* (1a)
Follicule de *Caltha palustris* (2)

2

1b

Chanvre Moracées
Cannabis sativa *Moraceae*

Le chanvre cultivé en France l'est uniquement pour ses usages comme matière première de différents tissus. C'est une grande plante annuelle, de 1 à 2 m de haut, poilue et rude, à odeur forte. La tige est dressée, simple. Les feuilles sont opposées, pétiolées, palmatiséquées, faites de 5 à 7 segments dentés et aigus. Les fleurs sont vertes, insignifiantes d'aspect, dioïques, en panicules rameuses, les femelles étant pourvues chacune d'une bractée. On cultive en grand cette plante dans diverses régions de France, car ses fibres après rouissage donnent une filasse très solide qui fournit des toiles et des cordages imputrescibles. De plus ses graines sont très appréciées par les oiseaux, et servent aussi d'amorces pour la pêche à certains poissons.

Si le chanvre de chez nous est inoffensif, il n'en va pas de même pour sa variété dite «indienne», dont les fleurs sont enduites d'une résine dont on tire divers stupéfiants, le plus connu l'étant sous le nom de «kif» ou de «marijuana». L'usage de cette résine est répandu dans les pays orientaux, mais comme il s'est avéré que son usage est très dangereux, il est rigoureusement interdit en France, où il donne lieu à une contrebande à la fois criminelle et fructueuse. Son usage a des effets voisins de ceux de l'opium, et surtout annihile toute volonté chez ses habitués. C'est au point qu'aux Etats-Unis, il est considéré comme un fléau de première grandeur, car il fait le lit des drogues dites dures, auxquelles il prépare en douceur.

L'illustration représente une tige mâle et une tige femelle du chanvre. Celle de gauche est alourdie par les graines, connues sous le nom de «chènevis», et les pêcheurs s'en servent couramment pour pêcher le gardon et la vandoise qui en sont friands.

Cerfeuil enivrant
Chaerophyllum temulum

Ombellifères
Umbelliferae

Si tout le monde connaît le cerfeuil commun, cultivé dans nos jardins pour son parfum anisé et suave, il en existe d'autres espèces qu'on rencontre çà et là à l'état sauvage, et auxquelles on ne prête guère attention, car tous ces cerfeuils ressemblent à ces innombrables Ombellifères d'aspect insignifiant. Celui-ci mérite une mention particulière. C'est une herbe bisannuelle ou vivace, pourvue d'une racine pivotante et blanchâtre. Elle atteint de 60 à 80 cm de haut. Sa tige ne se ramifie que dans le haut, et elle est d'un vert foncé marbré souvent de marques violacées. Les feuilles sont d'un vert sombre, et non d'un beau vert tendre comme celles du cerfeuil des jardins. Les ombelles, faites de 6 à 12 rayons, sont penchées avant la floraison. Les pétales sont blancs, serrés et très courts. Les graines sont allongées, venant par deux et sont longuement côtelées.

On trouve ce cerfeuil un peu partout, surtout le long des chemins et dans les terrains vagues. Il faut le connaître pour éviter de le confondre avec le cerfeuil commun, car s'il n'est pas d'une toxicité terrible, néanmoins il contient des substances encore mal déterminées, dont l'une, appelée chérophylline, agit comme un puissant narcotique. De là le nom de la plante, car son ingestion provoque des troubles qui ressemblent à ceux d'une forte alcoolémie. En cas de doute, son absence d'odeur fera connaître aussitôt qu'il ne s'agit pas du vrai cerfeuil, et on se méfiera.

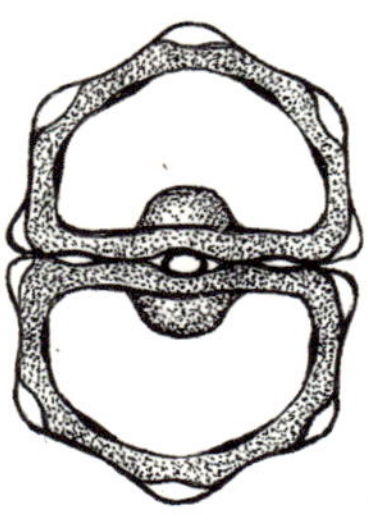

2

On voit sur la figure 1 la disposition des graines, et sur la figure 2 la coupe transversale de deux de ces graines accolées.
Plante en fleurs avec la morphologie des feuilles

1

Chélidoine, Grande Eclaire Papavéracées
Chelidonium majus *Papaveraceae*

C'est une plante annuelle, bisannuelle et vivace, très fréquente dans les vieux murs, dans les pierrailles, dans les fentes de rochers où s'enfoncent ses racines charnues qui lui permettent de résister à la sécheresse. La tige a de 50 à 60 cm de haut, ne présentant que quelques poils très courts vers sa base. Les feuilles sont composées, de couleur d'un vert glauque, pétiolées à la base et sessiles dans le haut. Les fleurs en étoile sont jaunes, hermaphrodites et se montrent en petites ombelles par 5 ou 6 à la fois. Elles sont d'abord enveloppées par deux sépales qui tombent au moment de la floraison. Le fruit est une longue capsule en forme de silique qui s'ouvre à la maturité et laisse échapper de nombreuses graines.

Toute la plante répand, quand on la brise, un latex jaune vif caractéristique. Ce latex contient une demi-douzaine d'alcaloïdes différents doués de propriétés différentes. Certains sont analgésiques, d'autres sont localement irritants, d'autres paralysent les centres respiratoires. A vrai dire, les accidents que pourrait provoquer cette espèce sont très rares, car sa saveur particulièrement horrible en interdit l'ingestion. Mais la médecine populaire l'utilise avec profit pour le traitement des verrues. En effet, une verrue frottée plusieurs matins de suite avec ce latex tout frais se dessèche rapidement et finit par disparaître. Et cet usage là est sans aucun danger.

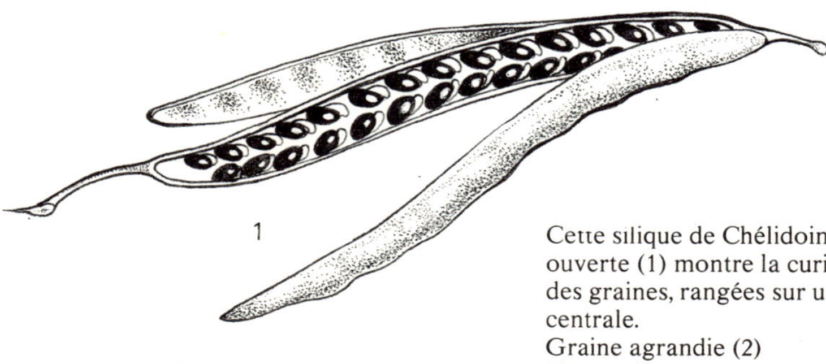

Cette silique de Chélidoine dessinée ouverte (1) montre la curieuse disposition des graines, rangées sur une membrane centrale.
Graine agrandie (2)
Tige en fleurs. Du rameau brisé s'écoule un lait jaunâtre

2

Ciguë aquatique — Ombellifères

Cicuta virosa — *Umbelliferae*

Cette Ciguë est une des plantes les plus toxiques qu'on connaisse, et ce depuis la plus haute antiquité. C'est une herbe vivace, qui forme un gros rhizome charnu comme un navet, mais divisé à l'intérieur en plusieurs loges superposées très caractéristiques. Cette racine répand une odeur repoussante. La tige peut atteindre et dépasser un mètre. Elle est robuste, creuse, toute striée et rameuse. Les grandes feuilles sont le plus souvent tripennées et dentées sur les bords. Les fleurs sont disposées en grandes ombelles de 15 à 20 rayons. La graine est petite, presque ronde, courtement côtelée.

Cette Ciguë n'est pas commune partout, et elle peut manquer complètement dans certains secteurs. Elle semble plus fréquente dans l'Ouest, le long des ruisseaux ou au bord des marais tourbeux.

Malgré son extrême toxicité, elle provoque très peu d'accidents, car sa saveur abominable en interdirait la consommation. Mais il arrive que les vaches se laissent aller à en brouter les feuilles, et la «cicutine» peut avoir des effets fulgurants. Ce poison provoque des accès convulsifs, suivis de prostration, et après quelques heures une complète paralysie respiratoire, évidemment suivie de mort. Ajoutons que cette plante a été utilisée autrefois par les empoisonneurs professionnels qui en connaissaient les usages, et elle entrait sans doute dans le mélange préparé pour l'illustre Socrate.

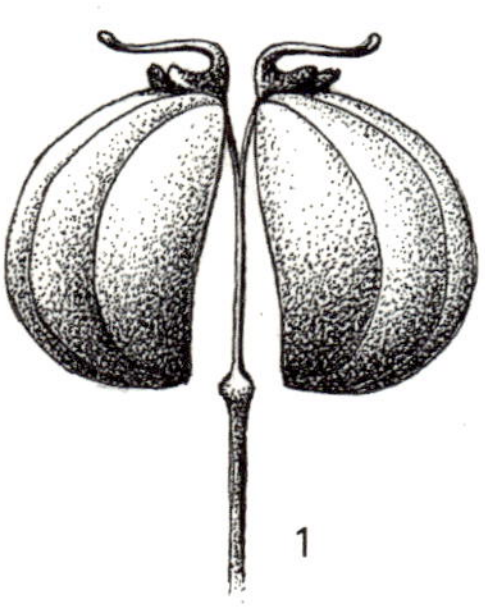

1

Plante en fleurs, morphologie des feuilles
Détail du fruit (1)
Coupe anatomique schématique du fruit (2)
Les graines de la Ciguë vireuse sont disposées par deux, comme chez la plupart des Ombellifères, et se séparent l'une de l'autre à la maturité

2

Coloquinte
Citrullus colocynthis

Cucurbitacées
Cucurbitaceae

Cette Coloquinte toxique n'a rien à voir avec les petites coloquintes que nous cultivons comme plantes d'ornement, à cause de la forme et de la couleur de leurs fruits amusants et curieux. Ceux-ci ne sont qu'une variété culturale de notre vulgaire citrouille. La vraie Coloquinte est une Cucurbitacée d'origine tropicale, qu'on trouve à l'état sauvage tout autour du bassin méditerranéen. La plante a le port rampant d'un concombre, ses fleurs sont jaunes et dioïques comme il est de règle dans toute la famille, et elles sont suivies de fruits globuleux, de taille très variable, généralement jaune vif, charnus, et d'une amertume épouvantable.

Utilisée telle quelle, cette Coloquinte est un purgatif extrêmement violent et dangereux, qui provoque généralement des hémorragies intestinales dont l'issue est souvent fatale. Le seul intérêt de cette plante réside dans les substances pharmaceutiques qu'on a pu en tirer, encore semble-t-il que les extraits de Coloquinte aient disparu du Codex d'aujourd'hui. Comme on n'aura aucune chance de rencontrer cette espèce en Europe, elle n'est citée ici qu'à titre documentaire et de curiosité.

Fruit (1)
Fleur de la Coloquinte
Les tiges de la Coloquinte sont rampantes, comme celles des concombres, mais peuvent aussi à l'occasion grimper sur un obstacle en s'aidant de leurs vrilles.

1

Colchique d'automne, Veilleuse, Tue-chien. Liliacées
Colchicum autumnale *Liliaceae*

Ce Colchique d'automne est l'espèce de loin la plus commune du genre en Europe. Elle a attiré l'attention depuis toujours, à cause de l'étrangeté de sa végétation. En effet, les fleurs apparaissent en septembre, la fécondation se fait sous la terre, et les feuilles et les fruits ne se montreront qu'au printemps suivant. La plante est vivace, et sort d'un bulbe gros comme une noix, revêtu d'une tunique noirâtre. Les feuilles dressées, d'un beau vert brillant, se montrent au printemps et entourent le fruit qui est une grosse capsule renfermant un grand nombre de graines noirâtres.

La toxicité extrême de cette plante est due à la présence d'une substance appelée colchicine. Elle se trouve dans toutes les parties de la plante, mais surtout dans les tubercules. Ce poison est si violent qu'on a pu faire des calculs précis, et on sait qu'il suffit de 3 grammes de feuilles par kilo d'animal pour que la dose soit mortelle. Il suffit en fait d'un milligramme de colchicine par kilo de chair vive pour atteindre la dose mortelle. Les effets en sont d'abord une gastro-entérite violente, suivie d'hémorragies intestinales, d'anurie et d'une paralysie des centres respiratoires, qui amène rapidement la mort.

Il faut toutefois dire à la décharge de cette plante que la colchicine, à doses infimes, est le remède le plus efficace qu'on connaisse contre la goutte, si bien que cette maladie autrefois si justement redoutée a maintenant à peu près disparu. Mais bien entendu seul le médecin est capable de prescrire cette drogue dont le juste dosage est très difficile.

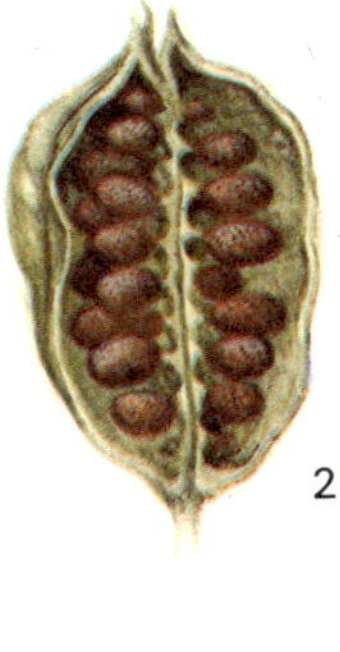

2a

Les fruits des Colchiques sont des capsules à trois loges (2b) où sont empilées les graines. Dans les laboratoires, c'est à partir des graines qu'on extrait la colchicine, qui est utilisée comme remède, mais aussi pour produire des phénomènes de diploïdie quand elle est en contact avec les graines d'autres espèces.
Colchique à l'automne : fleur ouverte et fermée
Colchique au printemps : feuilles avec capsules au centre
Bulbe ancien et nouveau (1)
Détail d'une capsule ouverte avec graines (2a)

2b

1

Ciguë tachetée, Grande Ciguë
Conium maculatum

Ombellifères
Umbelliferae

C'est une grande plante herbacée, bisannuelle, qui atteint souvent 2 mètres de haut, avec une grosse racine pivotante et une tige robuste, cylindrique, creuse et striée de pourpre à la base. D'où le nom de «maculata» donné à cette plante. Les feuilles sont grandes, divisées en 4 ou 5 folioles et à lobes courts. Les fleurs sont blanches, en ombelles de 15 à 20 rayons inégaux. Les pétales sont blancs, courts, un peu échancrés sur les bords. Le fruit est petit, presque sphérique. Cette grande espèce n'est pas rare surtout dans les décombres, car il lui faut de la place et elle n'aime pas la concurrence.

Toute la plante est très toxique, et particulièrement dans ses graines, qui contiennent jusqu'à 3,5 % d'un alcaloïde appelé conicine, qui est un liquide incolore de saveur très âcre. Les effets de cette toxine se manifestent surtout au niveau du système nerveux, qui est progressivement paralysé, si bien que les muscles deviennent progressivement absolument inertes et ne répondent plus aux ordres du cerveau. La paralysie ainsi provoquée est de type ascendant, c'est-à-dire qu'elle commence par les extrémités qui se refroidissent peu à peu, et elle gagne rapidement tous les muscles du corps pour aboutir à une tétanisation complète et à la mort.

Les accidents provoqués par cette espèce dangereuse sont heureusement très rares, et n'affectent guère que de temps en temps les animaux domestiques qui peuvent en absorber par erreur. A noter aussi que la plante une fois desséchée perd presque complètement ses propriétés meurtrières.

1

La base de cette Grande Ciguë (1) est bien caractérisée par sa grosse racine pivotante et par les stries pourpres qui la marquent.
Détail du fruit (2)
Coupe anatomique du fruit (3)
Plante en fleurs avec morphologie des feuilles

2

3

Pied d'alouette des champs — Renonculacées

Delphinium consolida
syn. *Consolida regalis* — *Ranunculaceae*

C'est une de ces plantes annuelles parasites des moissons en voie de disparition comme toutes les autres, du fait des herbicides sélectifs. Elle a une tige dressée, de 30 à 50 cm de haut, ramifiée et glabre. Les feuilles sont très divisées en lanières minces. Les fleurs sont zygomorphes, c'est-à-dire en forme de casque, disposées en grappes lâches au sommet des tiges.

Elles sont blanches ou violacées, ou panachées de ces deux couleurs. Le fruit est un follicule glabre, long de 2 ou 3 cm, contenant des graines noires, oblongues, avec des rides transversales en forme d'écailles. Cette plante ne se trouvait qu'en terrain calcaire, et elle serait maintenant presque inconnue si les jardiniers n'en avaient par sélection tiré des variétés horticoles à fleurs plus grandes, plus nombreuses, et d'un bel effet décoratif. Et c'est une plante qui a l'avantage de venir sans aucun soin. Il suffit de la semer au printemps et d'éclaircir les semis s'ils sont trop drus.

Toute la plante est irritante et toxique, grâce à la présence de divers alcaloïdes plus ou moins dangereux, analogues en moins violent à ceux des Aconits. On employait autrefois dans les campagnes les graines comme vermifuges. Mais cet emploi n'est pas sans danger, et on a signalé des accidents dus à leur abus. Il vaut donc mieux s'abstenir de tout usage de cette plante pour le moins suspecte.

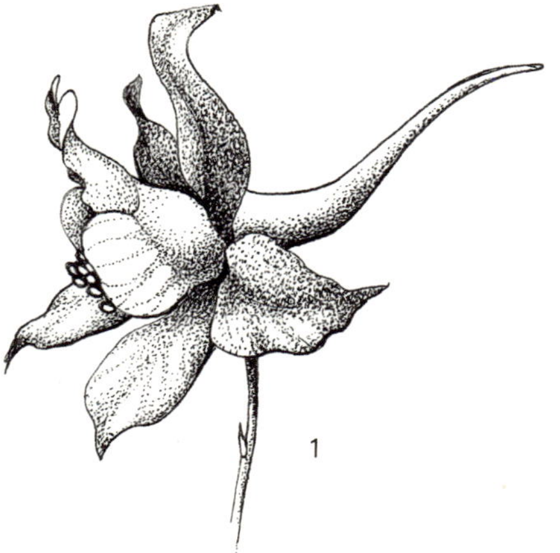

1

2

3

Détail de la fleur (1)
Fruit (2), graines (3)
Plante en fleurs

Muguet — Liliacées
Convallaria majalis — *Liliaceae*

Qui ne connaît la fleur du muguet, dont il se fait un commerce énorme le Ier mai, où il est d'usage d'en offrir un bouquet à ceux qu'on aime pour leur porter bonheur? C'est une modeste plante vivace, issue d'un rhizome rampant, d'où sortent des feuilles généralement par paires, et entre les feuilles une grappe de fleurs blanches, en clochettes, penchées, d'odeur suave. Elles sont suivies par des baies de couleur rouge ou rose qui mûrissent en automne. Cette plante est commune dans certaines forêts fraîches où elle forme parfois de véritables tapis, mais elle peut aussi manquer complètement par places. La culture en a obtenu une variété à fleurs roses, et une autre à fleurs pleines, qui n'ont qu'un intérêt de curiosité. Ajoutons que dans l'ouest de la France, on en cultive industriellement une variété horticole à fleurs plus grandes, qu'on force à fleurir au bon moment, car dans la nature il est rare que les fleurs éclosent à point nommé.

Malgré son apparence innocente, c'est une plante très toxique. Elle contient des saponines, des traces de strophantine, et surtout un stéroïde appelé convallarine dont les effets sont analogues à ceux de la digitaline. Aussi la pharmacopée en a-t-elle tiré des remèdes cardiotoniques, et aussi un remède passé de mode contre la coqueluche. Mais il ne faut en aucun cas utiliser soi-même cette plante trop dangereuse. Ajoutons que l'odeur elle-même, respirée en trop grande quantité, peut provoquer un commencement d'asphyxie.

Détail de la fleur (1)
Tiges en fleurs avec feuilles
Baies rouges sur tige
Le Muguet forme dans le sol de longs rhizomes capables d'envahir de grandes surfaces. Ils sont pourvus de nombreux yeux qui donnent des feuilles, celui de l'extrémité étant généralement celui qui donnera des fleurs.

1

Coronille variée — *Coronilla varia*

Légumineuses — *Leguminosae*

C'est une plante vivace et rampante, parfois un peu grimpante quand elle trouve un support à sa convenance. Les feuilles sont imparipennées, composées de 8 à 12 paires de folioles, celles de la base étant très rapprochées de la tige. Les fleurs sont disposées en bouquets de 10 à 15, panachées de blanc, de rose et de violet. Elles sont assez grandes, de 1 cm de large, et sont très décoratives. Les gousses sont dressées à la maturité, et ont cette particularité de se diviser en compartiments qui se détachent facilement les uns des autres, et elles sont terminées par un long bec.

Cette plante est volontiers broutée par les herbivores, et, en elle-même, elle n'est pas toxique. Son poison semble bien être localisé dans les graines, dont l'ingestion est spécialement à redouter pour les moutons qu'elles peuvent faire périr. Ce poison a été déterminé comme étant la coronilline, et il se manifeste par des troubles graves de tout l'appareil digestif. Comme ces graines ont une saveur très amère, il semble impossible qu'elles aient jamais pu intoxiquer l'homme, même par temps de famine.

Tige rampante en fleurs
Fruits, dont quelques-uns ouverts (1)
Les gousses de la Coronille, au lieu de s'ouvrir pour disséminer leurs graines, se brisent à la maturité : chaque fragment emportant sa graine avec lui.

1

Corydale à bulbe creux
Corydalis cava

Papavéracées
Papaveraceae

Cette jolie plante vivace se montre au tout premier printemps dans les bois, surtout sur les lisières et le long des haies. Sa racine est faite d'un bulbe de la grosseur d'une noix à un œuf, creux, et qui a la propriété de se briser de lui-même en plusieurs morceaux après la floraison, et de donner autant de plantes nouvelles. La tige a de 20 à 30 cm de haut, et porte deux feuilles composées, d'un vert glauque, et fragiles. Les fleurs sont disposées en épi qui s'allonge peu à peu. Elles sont dissymétriques et sont suivies par des siliques qui s'ouvrent à la maturité et laissent échapper quelques graines noirâtres. Les fleurs peuvent être blanches, roses, violettes ou purpurines, et ces variations s'observent dans la même station. Toute la plante a une végétation très éphémère, et disparaît complètement après trois ou quatre semaines.

Cette plante se trouve dans toute l'Europe, sauf dans le Midi. Comme toutes celles de cette famille, elle est un peu toxique, à cause de l'âcreté extrême de sa sève qui est de ce fait très irritante. Il est donc prudent de ne pas en porter les tiges à la bouche.

Ajoutons que ces fleurs dégagent une odeur aromatique très particulière, dite justement «de Corydale», et qui ne ressemble à aucune autre.

2

1

Graines (2)
Capsules, dont quelques-unes ouvertes (1)
Plantes en fleurs ; l'une avec des fleurs rouge-violet, l'autre avec des fleurs crème
Coupe d'un bulbe creux
Cette Corydale végète et produit ses fleurs et ses graines avec une rapidité déconcertante. Elle apparaît en mars, et en mai il n'en reste plus rien.

Croton des pharmaciens Euphorbiacées
Croton tiglium *Euphorbiaceae*

On cultive souvent en appartement diverses formes de Crotons, à cause des superbes panachures de leur riche feuillage. Ce sont des Euphorbiacées originaires de l'Inde, dont la sève est très irritante. Mais ce sont surtout les graines de ces plantes qui contiennent une huile terriblement vésicante. C'est pourquoi les vieux Codex des pharmaciens en délivraient encore pour obtenir des révulsions violentes qui prétendaient soigner les congestions pulmonaires. Mais on a abandonné cette médication, qui provoquait sur la peau des cloques aux cicatrices ineffaçables. De plus on s'est aperçu que cette huile pouvait être à l'origine de certains cancers cutanés.

Il s'agit donc seulement de savoir que tous les Crotons peuvent être dangereux, et il ne faut pas laisser les enfants en particulier jouer avec leur beau feuillage. Il y a d'ailleurs des peaux sensibles que le seul contact de ces feuilles suffit à irriter en provoquant des eczémas en apparence inexplicables.

La toxine des Crotons est très voisine de celle de la Chélidoine, mais chez notre «Grande Eclaire», elle est tellement diluée que son danger est nul, et que son utilisation se limite à la guérison des verrues.

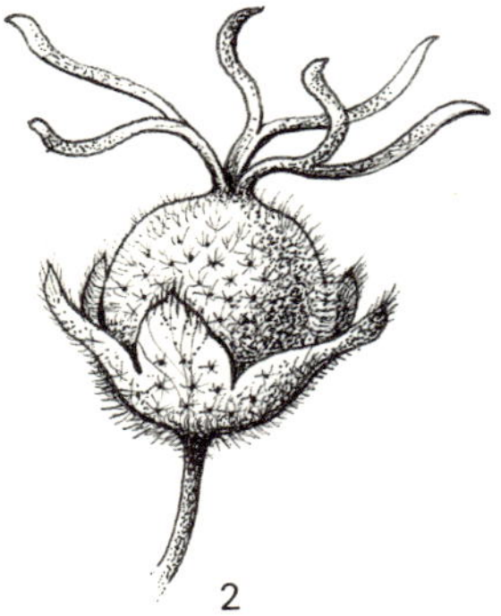

2

3

Tiges en fleurs avec des feuilles panachées
Fleur avec étamines penchées vers le centre (1)
Fleur femelle (2)
Pot à pharmacie destiné à contenir de l'huile de croton (3). C'est des graines du Croton qu'on extrait l'huile de croton, terriblement vésicante, et dont l'usage trop violent semble bien être tout à fait passé de mode.

1

Genêt à balai
Cytisus (Sarothamnus) scoparius

Légumineuses
Leguminosae

Cet arbrisseau est un des plus communs dans tous les terrains siliceux et mal cultivés. Il a de 1 à 2 mètres de haut; il est dressé, à rameaux lâches, allongés, minces et anguleux, verts. Les feuilles de la base sont trifoliées et pétiolées, mais celles du haut sont simples et sessiles. Elles sont vertes mais soyeuses en dessous. Les fleurs sont grandes, d'un jaune d'or superbe, très nombreuses. Le style de la fleur est velu à la base, enroulé en cercle et élargi sous le stigmate. La gousse qui contient les graines au nombre de 8 à 12 a de 4 à 5 cm de long et 8 mm de large. D'abord verte, elle devient toute noire à la maturité, et elle est alors explosive. Par temps chaud, on entend à tout instant ces gousses qui éclatent au soleil et projettent au loin leurs graines.

On utilise cette plante pour fabriquer des balais, pour chauffer les fours, mais aussi on doit mettre le feu aux terrains qui en sont infestés pour les «écobuer», c'est-à-dire pour en détruire toute la végétation et les rendre propres à des cultures intéressantes.

Les fleurs de cette espèce contiennent une toxine appelée spartéine, qui sans être très dangereuse, peut provoquer des vomissements et de violentes coliques. La médecine populaire en faisait autrefois grand cas, mais vu les dangers qu'elle comporte, elle est aujourd'hui abandonnée. A l'état vert, les lapins la broutent volontiers, et elle peut aussi, une fois desséchée, servir de litière faute de mieux.

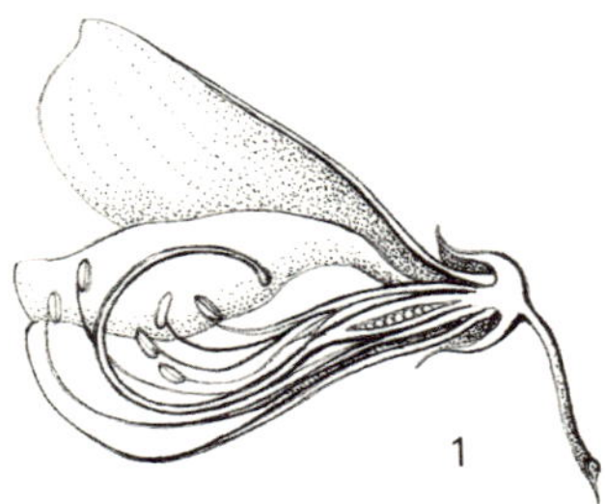

1

2

Touffe de *Cytisus scoparius* en fleurs
Rameau avec gousses (2)
Coupe de la fleur (1)
Les gousses du Genêt à balai sont d'abord vertes, puis noircissent à la maturité. Une fois sèches, elles éclatent avec un bruit particulier et répandent leurs graines au loin.

Bois-joli Thyméléacées
Daphne mezereum *Thymelaeaceae*

C'est un aimable arbuste de 0,50 à 1 mètre de haut, rameux, dressé, à écorce lisse et brillante, et à bois si souple qu'il est presque incassable. Les feuilles d'un vert glauque se trouvent en bouquets au sommet des tiges, elles sont ovales-lancéolées, presque sans pétioles et elles disparaissent en automne au moment de la fructification. Les fleurs sont étoilées, roses ou pourpres, parfois blanches, et elles sont groupées en faux épis au sommet des tiges. Elles apparaissent souvent dès le mois de février et elles répandent un parfum suave. Les fruits sont des baies d'un beau rouge, juteuses, de saveur amère. Cette espèce est assez fréquente surtout dans les forêts de l'Est de la France, même en plaine, mais elle s'aventure dans les Alpes jusqu'aux hautes altitudes, où elle s'étale en énormes buissons aplatis d'un effet superbe au moment de la floraison.

Toute la plante est très toxique. Non seulement les baies sont très dangereuses, mais l'écorce elle-même, si on la frotte sur la peau, y détermine des brûlures insupportables. Quant aux baies, on a calculé qu'il suffit de 30 g pour faire mourir un veau, 12 g pour un chien et 3 baies suffisent pour faire périr un porc. Il faut donc absolument en écarter les enfants, qui pourraient être tentés par leur belle couleur. Surtout dans les jardins où on cultive souvent le Bois-joli comme arbuste d'ornement.

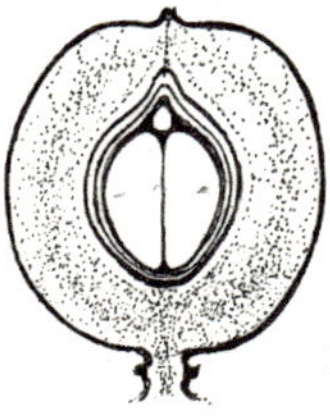

2

3

1

Rameau avec feuilles et baies
La baie rouge du Bois-joli contient un noyau dru. Si ce fruit est très toxique pour l'homme, les oiseaux s'en régalent sans aucun dommage.
Coupe de la fleur (1)
Coupe du fruit (2)
Un autre taxon : *D. cneorum* (3)
Rameau couvert de fleurs pourpres

Datura en arbre — Solanacées
Datura arborea — *Solanaceae*

On cultive souvent en orangerie dans le Nord et en pleine terre dans le Midi ce Datura, originaire d'Amérique du Sud. C'est un arbre ou un arbuste de 2 à 3 mètres de haut, à tiges grosses, charnues et fragiles, pourvu de larges feuilles velues et molles. On le recherche surtout à cause de ses fleurs énormes, pendantes, d'un blanc pur, dont les cornets innombrables sont d'un effet superbe au moment de la floraison qui peut se produire deux ou trois fois dans l'année. De plus ces fleurs répandent un parfum suave, qui a la réputation d'éloigner les moustiques. Chaque fleur ne dure qu'un jour, mais chacune est immédiatement remplacée par une autre, si bien que la floraison donne l'impression d'être continue.

Les propriétés de ce Datura sont les mêmes que celles de toutes les autres espèces du genre, et il ne doit donc être traité qu'avec précaution. Il a une telle vigueur de végétation qu'on peut le tailler à volonté, car toute branche supprimée est tout de suite remplacée par une autre et cette rapidité de régénération a toujours quelque chose de surprenant. Sous les tropiques, on le plante souvent sous les fenêtres, à cause de son rôle, peut-être imaginaire, d'anti-moustiques.

Quoique originaire d'Amérique du Sud, cette espèce s'est répandue dans le monde entier. Il existe aussi une espèce voisine de même port mais à fleurs rouge sang, curieuse mais moins décorative.

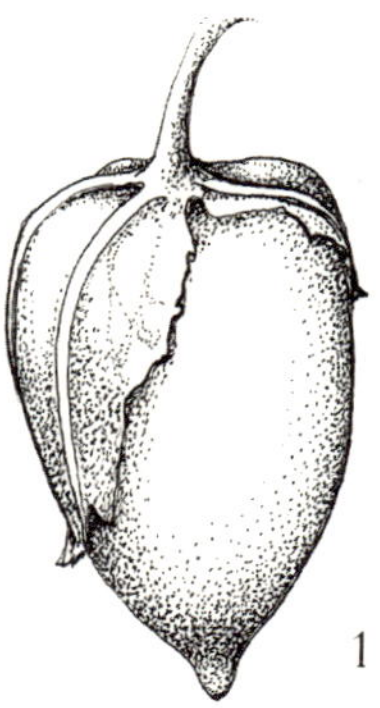
1

Fruit (1)
Rameau avec de grandes fleurs pendantes, de couleur blanche, orange ou rouge
Terre d'origine des Datura, l'Amérique du Sud : carte (2)
Le superbe Datura en arbre, souvent cultivé en plein air en Provence, semble bien ne jamais mûrir ses graines sous notre climat, et presque toutes les fleurs tombent à terre avec leur ovaire aussitôt qu'elles sont fanées, c'est-à-dire le lendemain de leur éclosion.

2

Stramoine, Pomme épineuse — Solanacées
Datura stramonium — *Solanaceae*

Ce Datura est une plante universelle, qui se trouve aussi bien en Amérique que dans l'Ancien Monde, çà et là dans les cultures et dans les décombres. Il est annuel, de 50 à 100 cm de haut, rameux, à larges feuilles à la fois velues et un peu visqueuses, et d'odeur repoussante. Les fleurs en large entonnoir sont blanches, dressées, courtement pédonculées, de 6 à 10 cm de large. Le calice est d'un vert pâle, égalant presque les deux tiers de la corolle. Après la fleur se forme une capsule grosse comme une noix, dressée, robuste, hérissée d'aiguillons raides. On le trouve parfois avec des fleurs violacées au lieu des blanches. On le cultive à la fois pour ses fleurs, pour ses propriétés médicinales, et aussi parce qu'il a la réputation vraie ou fausse d'éloigner les taupes qui ne supportent pas l'odeur de ses racines.

C'est une plante très toxique qui contient divers alcaloïdes, hyoscyamine, scopolamine et apotropine. C'est donc une plante dont il faut se méfier. Remarquons au passage que presque toutes les plantes de la famille des Solanacées sont toxiques, y compris notre pomme de terre, dont les tubercules sont inoffensifs, mais dont les feuilles et les fruits sont du poison.

La pharmacopée en tire plusieurs substances utiles. On a utilisé autrefois les feuilles mélangées au tabac pour calmer les crises d'asthme, mais c'est un usage qui a passé de mode, car il n'était pas sans risques. D'autres espèces cultivées comme ornement sont douées des mêmes propriétés suspectes.

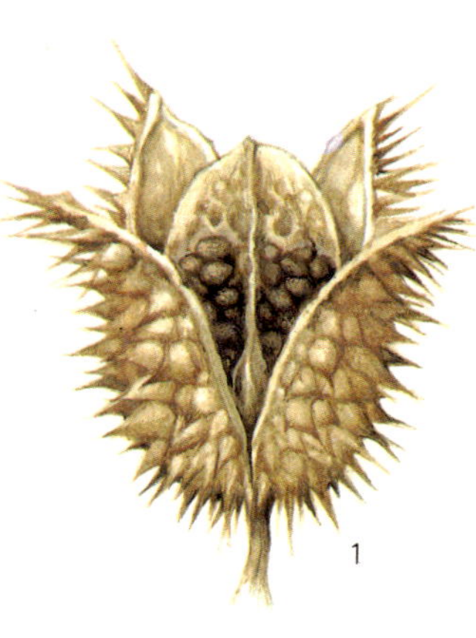

1

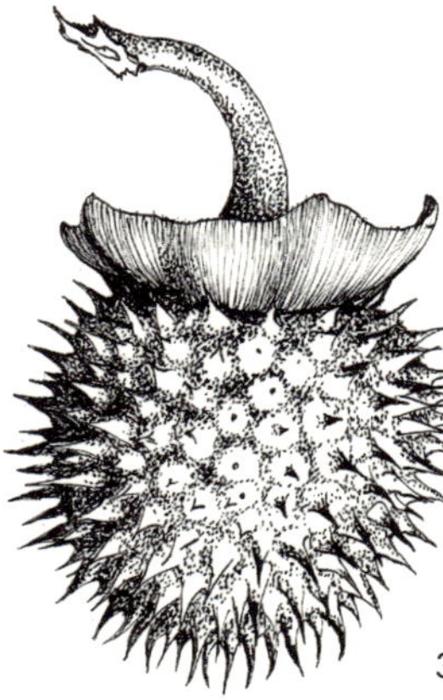

3

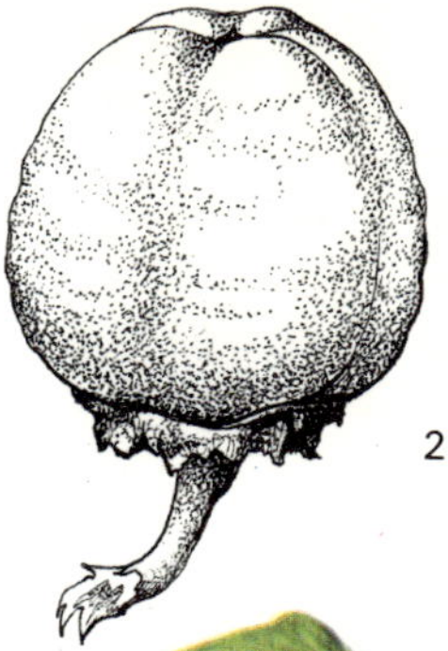

2

Datura stramonium avec des fleurs blanches
Différences morphologiques des capsules de *D. inermis* (2), *D. innoxia* (3), *D. ferox* (4)
Capsule éclatée avec graines (1)

4

Le fruit de ce Datura stramoine est une grosse capsule épineuse qui s'ouvre à la maturité en quatre valves et laisse échapper ses nombreuses graines noires, plus riches en toxine que le reste de la plante.

Cœur de Marie — Papavéracées

Dicentra cucullaria = Dielytra spectabilis — *Papaveraceae*

Cette étrange Fumariacée a une bien curieuse histoire. Les botanistes l'ont d'abord connue par les peintures qui nous venaient de Chine, d'où la plante était originaire. Mais les fleurs ainsi représentées étaient tellement incompréhensibles qu'on a cru longtemps que c'étaient des fleurs imaginaires jusqu'au jour où des voyageurs ont pu en apporter les graines et les faire cultiver chez nous. Depuis, elle est devenue une des plantes vivaces les plus populaires de nos jardins, où elle vient sans aucun soin et fleurit même à l'ombre.

Elle est pourvue d'une grosse racine charnue et cassante, jaunâtre, d'où sortent au printemps des tiges glauques, fragiles, en forme de crosses, ornées sur toute leur longueur de fleurs roses faites de deux gros pétales rose vif entourant le pistil et les étamines. La floraison peut se prolonger longtemps, et il est fréquent qu'il s'en produise une deuxième à la fin de l'automne.

Comme la plupart des Fumariacées, cette plante contient une sève irritante, et il est prudent de ne pas en mettre de tiges dans sa bouche, et encore moins d'en approcher les yeux. A vrai dire, on connaît mal les principes toxiques de cette belle plante et il suffit de savoir que comme beaucoup d'autres, sous des dehors innocents, elle peut cacher des propriétés douteuses.

1

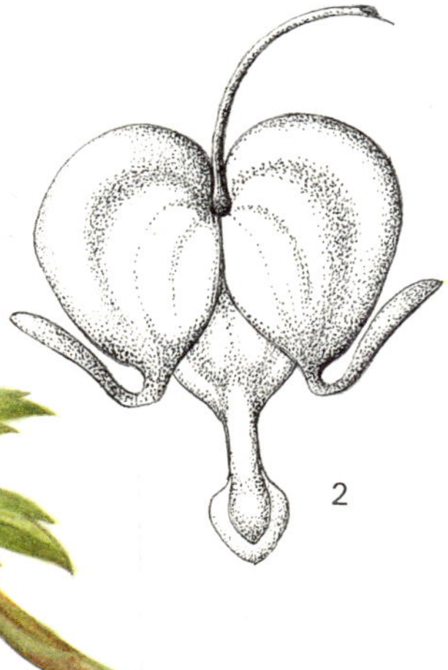

2

On trouve plus volontiers dans les jardins le «Cœur de Marie», figuré ici à gauche (1), qui est bien plus décoratif que *Dicentra cucullaria* représenté sur l'illustration principale.
Taxon ornemental : *Dicentra spectabilis* (1)
Détail de la fleur (2)
Détail des fleurs et feuilles d'un taxon d'Amérique

Dictame, Fraxinelle Rutacées
Dictamnus albus *Rutaceae*

C'est une très belle plante souvent cultivée comme ornementale. Elle est vivace, de 40 à 80 cm de haut, bien pourvue de feuilles composées qui ressemblent à celles du frêne, d'où un des noms communs qui lui sont donnés. Ces feuilles sont ovales et légèrement denticulées. Les fleurs sont irrégulières, blanches ou roses et veinées de violet, grandes, en longues grappes à la fois poilues et glanduleuses. Les cinq pétales sont inégaux, plans, entiers, trois à quatre fois plus longs que le calice, les quatre supérieurs ascendants et l'inférieur réfléchi. Les 10 étamines sont dirigées vers le bas et sont plus longues que les pétales. Le fruit est une capsule à cinq lobes ridés sur les faces.

Toute la plante répand une odeur aromatique particulière, et par temps chaud et calme elle dégage une vapeur inflammable très curieuse. On la trouve surtout dans les coteaux pierreux de l'Est de la France, où elle n'est jamais très commune. Sans être toxique, il arrive que le frottement de ses feuilles provoque des démangeaisons désagréables. Les bêtes n'y touchent pas et si par hasard elles en consomment, elles sont prises de vertiges mais sans gravité. Elle a été utilisée autrefois comme remède populaire comme diurétique et comme vermifuge. C'est l'infusion de la racine qui était utilisée, mais elle semble passée de mode aujourd'hui.

1

Détail de la fleur (1)
Fruit éclaté (2)
Dictame en fleurs
La fleur de la Fraxinelle est très belle, surtout du fait des longues et gracieuses étamines qui semblent jaillir de la corolle.

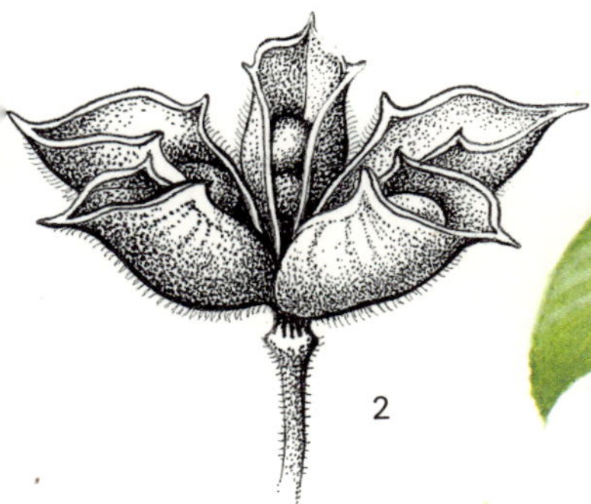

2

Grande Digitale, Gant de Notre-Dame Scrofulariacées
Digitalis purpurea *Scrophulariaceae*

C'est une herbe bisannuelle, pourvue d'une racine pivotante, et qui la première année forme simplement une large rosette de feuilles velues et comme un peu frisées. La deuxième année, de cette rosette sort une tige de 1 à 1,50 m, feuillée, pourvue sur un seul côté d'une longue rangée de fleurs pourpres, penchées, tubulaires, toutes tapissées à l'intérieur de gros poils bruns. Le fruit est une capsule ovoïde qui contient un nombre énorme de graines petites et sphériques.

Cette plante surtout européenne a conquis le monde entier à cause de la culture qui en a été faite partout à la fois comme plante d'ornement (il en existe des variétés horticoles de toutes teintes) et comme plante pharmaceutique. Car cette Digitale est très toxique et contient toute une série d'alcaloïdes très dangereux. 120 gr de feuilles représentent une dose mortelle. Mais en même temps, on s'est aperçu que la substance appelée digitaline avait des vertus cardiaques très importantes, et bien dosée elle apporte un grand secours aux cœurs défaillants. C'est un médecin des Vosges qui au siècle dernier a reconnu les vertus de la Digitale, car il avait des malades qui guérissaient grâce à une tisane préparée par une paysanne, et dont la Digitale était le seul élément efficace. La médecine antique semble avoir ignoré complètement cette plante, réputée seulement comme un poison violent.

Ajoutons qu'elle ne se montre à l'état sauvage que dans les sols acides ou siliceux.

1

Fleur (1)
Fleur de *D. feruginea* (2)
Digitalis purpurea à fleurs rouges
Il arrive fréquemment, surtout chez les Digitales cultivées, que la dernière fleur au sommet de la tige, au lieu d'être penchée et en forme de tube oblique, soit toute ronde et symétrique.

2

Fougère mâle
Dryopteris filix-mas

Aspidiacées
Aspidiaceae

C'est une puissante Fougère de 40 à 100 cm de haut, à souche très épaisse et noirâtre et plus ou moins rampante. Il en sort une grande rosette de frondes faites d'une tige velue sur laquelle s'insèrent des feuilles courtement pétiolées et dont le pétiole est écailleux, bipennatiséquées. Les feuilles adultes portent des sores assez gros, de 1 à 2 mm de diamètre, rapprochés de la ligne médiane de la feuille. Cette belle espèce, souvent cultivée dans les jardins comme ornementale, se trouve un peu partout dans toutes les régions tempérées du monde, surtout dans les forêts un peu fraîches. Il arrive fréquemment qu'elle se ressème d'elle-même çà et là dans les sous-bois des jardins où on ne l'avait jamais aperçue.

Cette Fougère contient plusieurs produits toxiques, et elle doit être traitée avec circonspection. Elle se montre toutefois très utile, car son rhizome contient un produit qu'on trouve en pharmacie sous le nom d'«extrait de Fougère mâle» qui est bien le remède le plus efficace qu'on connaisse contre le ténia. En effet, ce produit a la propriété de paralyser ces vers parasites qui sont ainsi expulsés définitivement. Mais bien entendu l'administration d'un tel produit ne peut se faire que sur ordonnance, vu sa toxicité à haute dose.

Sporophyte ancien et nouveau
On voit sur la figure 1 comment les sores de cette Fougère sont disposés sur la face inférieure des feuilles, et sur la figure 2 comment les spores se trouvent rangées à l'intérieur de leur réceptacle.

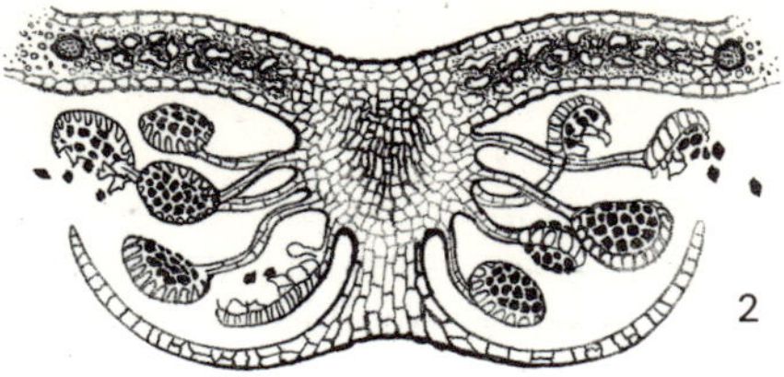

2

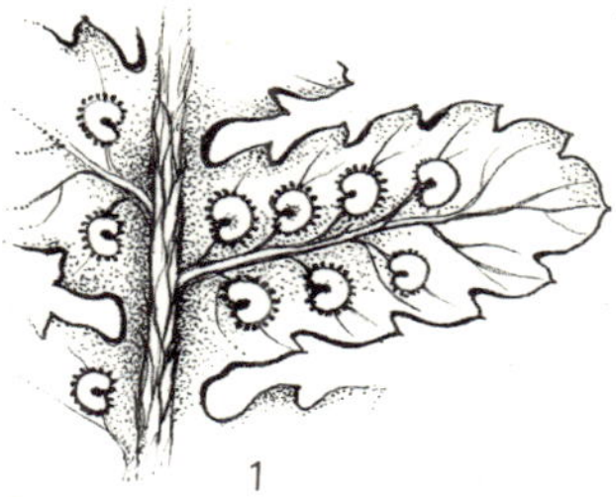

1

Duboisia Solanacées
Duboisia myoporoides *Solanaceae*

On ne risque guère de trouver chez nous cette plante qui n'existe qu'en Australie. C'est une de ces Solanacées qui comme tant d'autres contient divers alcaloïdes, toujours les mêmes ou à peu près, qui sont de puissants dépresseurs du système nerveux. C'est pourquoi ces plantes ont pu être utilisées fréquemment par les empoisonneurs professionnels, mais en même temps elles fournissent à la pharmacopée, quand elles sont savamment dosées, des remèdes d'une efficacité exemplaire et irremplaçable pour toutes sortes de troubles psychomoteurs. Et on n'oubliera pas l'utilisation de l'atropine et de ses dérivés en ophtalmologie, car elle a la propriété de dilater la pupille de l'œil, de façon à permettre au médecin d'examiner à son aise l'intérieur du globe oculaire. C'est cette propriété qui a été utilisée autrefois par les courtisanes de Venise, qui s'en servaient pour se donner un regard pathétique. D'où le nom de Belledone, c'est-à-dire «belle dame» que porte encore la Belladone, riche en ce produit. Aujourd'hui, toutes ces plantes sont étudiées de près et fournissent des produits très complexes dont l'étude ne sera jamais complètement terminée, et qui réservent sans doute encore des surprises.

Détails de la fleur et du fruit (1, 2)
Aire de distribution (Australie) : carte (3)
Rameau en fleurs
Ce Duboisia se voit parfois dans les jardins du Midi, où il s'acclimate facilement ; le climat de la Côte d'Azur ressemblant beaucoup à celui de son pays d'origine.

1

3

2

Prêle des bois — Equisétacées
Equisetum sylvaticum — *Equisetaceae*

C'est une herbe vivace, à longues racines traçantes qui apparaît dès le printemps. Elle présente deux sortes de tiges, et qui ne se montrent pas en même temps. Les tiges femelles apparaissent les premières, de 15 à 40 cm de haut, blanchâtres ou rougeâtres, simples ou à rameaux très courts, qui ne se montrent qu'après la fructification. Elles sont munies de gaines lâches, vertes puis brunes. L'épi est petit, court, ovoïde, de 20 mm de long. Au contraire les tiges stériles peuvent atteindre 80 cm de haut. Elles sont très élégantes, vertes, garnies de rameaux verticillés, très serrés, très fins et retombants, très grêles et presque filiformes. On trouve cette espèce surtout dans l'est et le nord de la France, çà et là dans les forêts un peu humides. Comme toutes les Prêles, celle-ci est le signe d'un terrain acide et imperméable. Elle est moins gênante que les espèces qui colonisent les prairies, vu son habitat sylvatique. Car les espèces des prairies sont très difficiles à extirper, et exigent à la fois un drainage profond et un chaulage massif du terrain.

Toutes les Prêles sont toxiques. Heureusement, elles sont si coriaces qu'aucune bête n'y touche, à moins de famine. Dans ce cas, elles provoquent des désordres nerveux, accompagnés souvent d'hémorragies intestinales provoquées par leur écorce siliceuse et coupante.

Leur seule utilité est de servir aux ébénistes pour polir délicatement les bois précieux sans les rayer.

On voit ici le détail des sporanges (1) de cette Prêle, et la coupe de sa tige creuse (2) qui est toute allégée de vaisseaux aérifères.
Tige de printemps et tige estivale de la Prêle

Coca
Erythroxylum coca

Cet arbre ou arbuste d'A [redacted]
vernissées et ses fleurs b [redacted]
Les premiers conquista [redacted]
quaient les feuilles de [redacted]
leur permettaient d [redacted]
pouvaient ainsi f [redacted]
Européens eus [redacted]
avaient une t [redacted]
petits vases [redacted]
on en voi [redacted]
par exe [redacted]
Ce [redacted]
tio [redacted]
m [redacted]

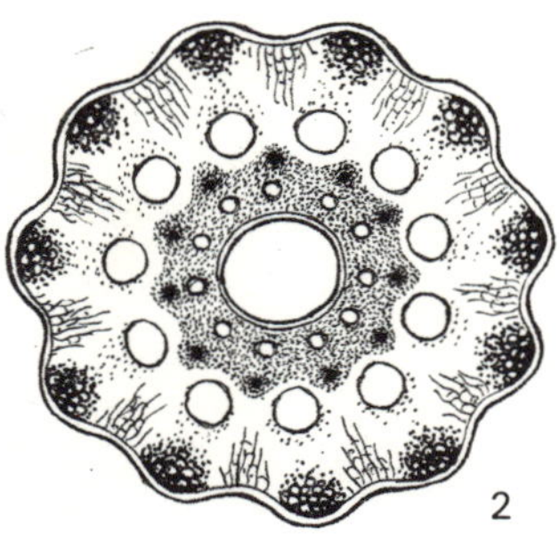

2

[illegible] mérique centrale, avec ses feuilles vertes et [illegible] anches, a acquis une réputation universelle. [illegible] dors avaient remarqué que les Indiens masti- [illegible] cet arbre, malgré leur amertume, parce qu'elles [illegible] supporter la fatigue sans en avoir conscience. Ils [illegible] ournir des marches à pied interminables, dont des [illegible] ent été incapables. Pour eux, ces feuilles magiques [illegible] elle valeur qu'ils les transportaient avec eux soit dans de [illegible] de terre hermétiques, soit dans des étuis brodés comme [illegible] çà et là dans les collections du Musée de l'Homme à Paris, [illegible] mple.

[illegible] feuilles simplement mâchées, si elles peuvent atténuer la sensa- [illegible] de fatigue, contiennent une substance très active, qui est juste- [illegible] ent la cocaïne, qu'on en retire par divers traitements chimiques.

Or cette cocaïne est une drogue indispensable aux chirurgiens et aux dentistes pour provoquer des anesthésies locales, qui permettent de petites interventions sans douleur. Mais malheureusement, la cocaïne sous forme de poudre à priser ou à injecter est un stupéfiant dangereux, qui provoque une accoutumance et aboutit à une dégénérescence des tissus attaqués et également à des troubles psychiques très graves. De ce fait la cocaïnomanie est devenue un de ces vices modernes dont les ravages peuvent être tragiques.

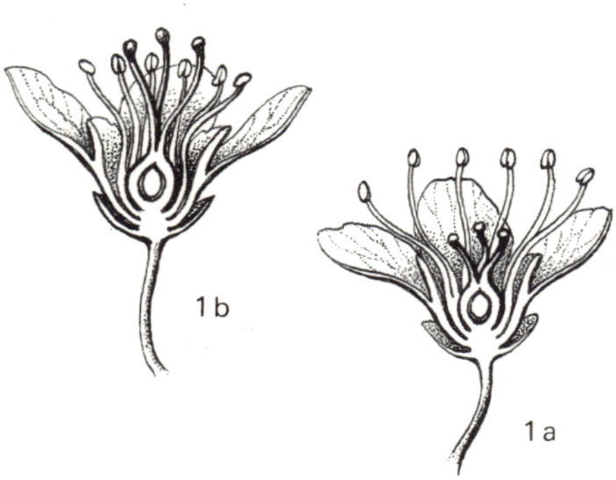

Fleurs avec des styles longs (1a) et des styles courts (1b)
Vase inca en céramique, en forme de tête d'homme, renfermant des feuilles de Coca (2)
Rameau en fleurs

2

Fusain d'Europe, Bonnet de prêtre — Celastracées

Euonymus europaeus — *Celastraceae*

C'est un arbuste, parfois presque un arbre de 2 à 6 mètres de haut. Les jeunes rameaux sont tétragones, ce qui lui a valu un de ses noms vulgaires, qui est «Bois carré». Les feuilles sont de taille moyenne, elliptiques et ovales. Les fleurs insignifiantes sont d'un blanc verdâtre, par groupes de 2 ou 5 à la fois réunies en petites cymes serrées. La fleur est suivie d'une capsule inclinée, à quatre divisions, faite de lobes arrondis sur le dos. Elle est au moment de la maturité d'un beau rouge rosé, et s'ouvre pour laisser échapper de grosses graines jaune vif.

Les fruits de ce fusain sont très âcres, à la fois purgatifs et émétiques. Ils étaient utilisés autrefois dans les campagnes, une fois réduits en poudre, comme insecticides, et surtout contre les poux. Cette poudre était très efficace, mais en même temps irritante pour le cuir chevelu, si bien qu'on lui préfère maintenant des produits moins agressifs.

De plus, le bois du fusain, convenablement carbonisé, fournit le fusain à dessiner, car il donne un charbon très fin et d'un noir parfait. Beaucoup d'artistes s'en servent encore, car le fusain permet des dessins d'une grande finesse et sa souplesse d'utilisation est sans égale.

Graines pendantes sortant de la gaine (3)
Détail de la fleur (1)
Fruits (2)
Examinés de près, les fruits de notre Fusain sont extrêmement curieux. Leur enveloppe rouge s'ouvre en quatre à la maturité, et laisse apparaître quatre graines d'un rouge éclatant et brillant. C'est avec la poudre de ces graines qu'on luttait autrefois contre les poux.
Rameau fleuri et feuillu

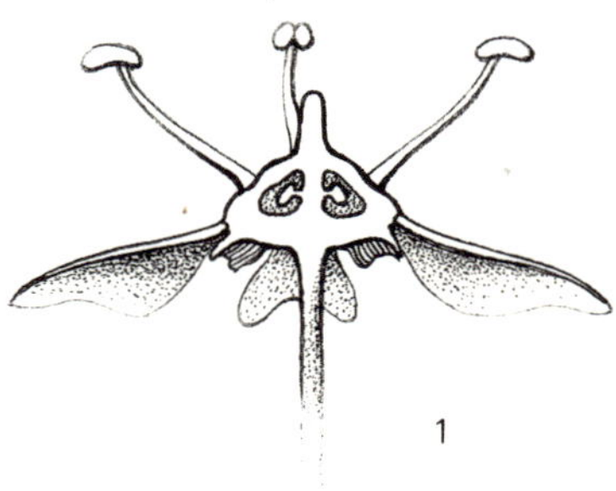

1

2

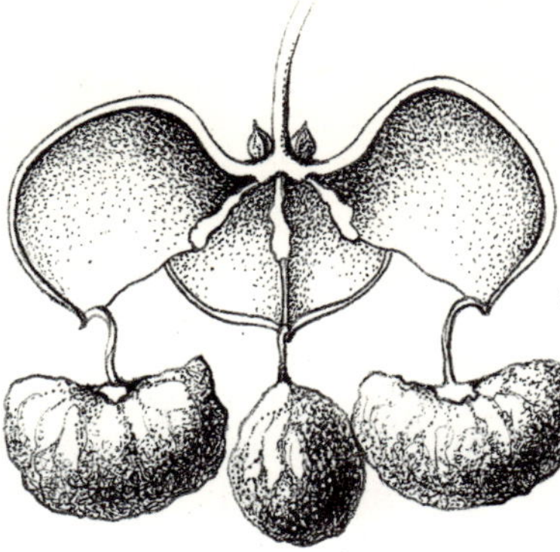

3

Euphorbe petit-cyprès
Euphorbia cyparissias

Euphorbiacées
Euphorbiaceae

C'est sans doute la plus commune des Euphorbes européennes. C'est une modeste plante vivace, issue d'un rhizome ramifié, avec une tige de 20 à 40 cm de haut, glabre, de couleur jaune verdâtre, ramifiée, mais avec une partie des ramifications supérieures qui restent stériles. Les feuilles sont très minces, très étroites, presque linéaires et alternes. Les fleurs sont groupées en fausses ombelles. Les fleurs mâles sont séparées des femelles qui sont portées par un long pédoncule. L'ovaire est triangulaire et le fruit est une capsule glabre. On reconnaît immédiatement cette Euphorbe à la finesse de ses feuilles, qui ressemblent à des aiguilles d'épicéa.

Toute la plante est toxique, et surtout par son latex, qui contient une substance appelée euphorbone, voisine du caoutchouc. Ce latex a des propriétés révulsives violentes et provoque par frottement des pustules très désagréables. Ingéré, il provoque une inflammation de l'intestin et une purgation drastique. Les intoxications dues à cette Euphorbe sont très rares, car la saveur de la plante est si âcre et amère à la fois qu'aucun animal n'y touche. On signale cependant que des chevaux ou des porcs qui en ont brouté par erreur ont été très malades. On dit aussi que le lait des vaches qui en auraient avalé serait toxique. On signale aussi quelques accidents dans les campagnes où des imprudents en auraient avalé des graines pour se purger. Mais le cas doit être très rare.

Plante en fleurs avec une tige brisée dont s'écoule un latex blanc
Détails des organes floraux (1a, 1b)
Plante attaquée par la rouille *Uromyces pisi* (2)

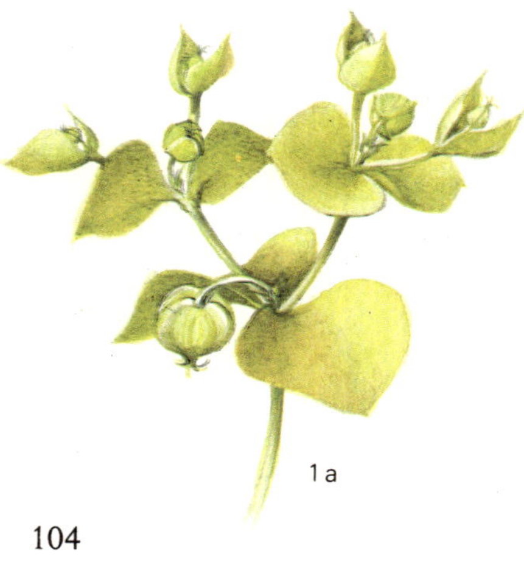

1a

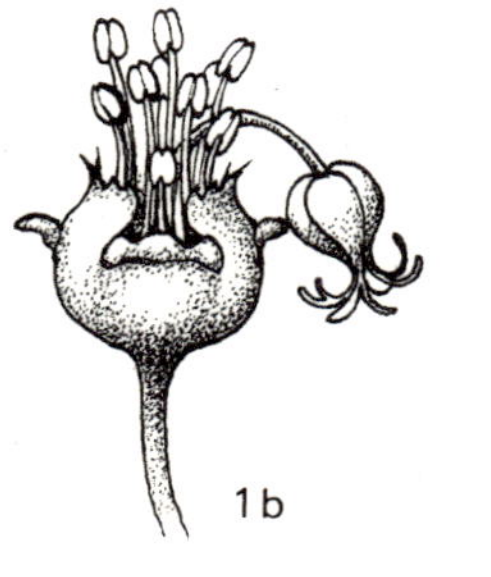

1b

Les fleurs des Euphorbes, généralement vertes et dépourvues de pétales, passent le plus souvent inaperçues. On voit ici le détail de leur insertion sur la tige, et de leur forme étrange.

2

Gelsémium toujours vert, ou **Jasmin de Virginie**

Gelsemium sempervirens

Loganiacées

Loganiaceae

C'est une belle plante grimpante qui peut atteindre 4 ou 5 mètres de haut. Les feuilles coriaces et brillantes sont lancéolées, entières, de 4 à 5 cm de long sur 1 à 2 cm de large, attachées à la tige par de courts pétioles. Les tiges qui portent les fleurs sont très courtes. Celles-ci sont formées d'un tube de 3 cm de long, qui s'ouvre à son sommet en cinq pétales soudés ensemble, d'un beau jaune. Ces fleurs se présentent soit isolées, soit en bouquets sortant de l'aisselle des feuilles qui sont toujours opposées. Cette plante se trouve au sud des Etats-Unis et au nord du Mexique, dans les endroits plus ou moins découverts et arides, et elle grimpe aux arbres ou aux buisons qui se trouvent à sa portée.

Toute la plante est violemment toxique, elle contient des alcaloïdes très semblables à ceux de la Digitale, et qui ont les mêmes effets. Ils ralentissent les battements du cœur, et à forte dose les arrêtent. Toutefois, cette plante fournit une série de médicaments de peu d'usage en Europe, sauf dans la pharmacopée homéopathique, où à doses infimes ces alcaloïdes sont utilisés surtout comme calmants pour lutter contre les migraines tenaces et contre les insomnies.

On a tenté la culture de ce Jasmin de Virginie (qui n'est pas un jasmin) dans le Midi. Mais comme cette plante est bien moins belle que le Jasmin à fleurs de primevère qui fleurit tout l'hiver et au premier printemps, on y a renoncé vu son intérêt décoratif vraiment mineur.

Détail du fruit (2)
Une fleur de ce faux Jasmin montre l'ovaire surmonté d'un long pistil et entouré par les étamines (1)
Plante en fleurs

2
1

Gratiole, Herbe au pauvre homme — Scrofulariacées

Gratiola officinalis — *Scrophulariaceae*

C'est une plante vivace à souche rampante, de 20 à 50 cm de haut. La tige est dressée, creuse, quadrangulaire au sommet. Les feuilles sont opposées, rapprochées, sessiles, lancéolées, trinervées, denticulées en scie dans le haut. Les fleurs sont d'un blanc rosé, avec le tube jaunâtre, assez grandes, axillaires, solitaires sur des pédoncules filiformes et très courts. Elle a cinq lobes profonds, avec une corolle de 15 à 18 mm, tubuleuse, avec deux lèvres peu distinctes. La capsule qui fait suite à ces fleurs est faite de deux loges contenant chacune plusieurs graines. Cette plante assez gracieuse est assez commune dans toute la France dans les marais et au bord des ruisseaux. On la trouve également dans toute l'Asie du Nord et toute l'Amérique septentrionale.

Elle contient une toxine appelée gratioline qui est à la fois purgative, diurétique, vermifuge et vomitive. Elle affecte en outre l'activité cardiaque.

Son nom commun d'Herbe au pauvre homme vient de ce qu'autrefois elle était utilisée dans les campagnes pour ses qualités diverses, qui en faisaient un remède bon marché. Mais comme son usage n'est pas sans danger, il vaut mieux s'en abstenir et recourir à des remèdes plus sûrement dosés. Il semble bien d'ailleurs qu'elle soit aujourd'hui complètement délaissée, comme beaucoup d'autres plantes qui furent à la mode et qui ont été remplacées par des produits plus efficaces et moins dangereux.

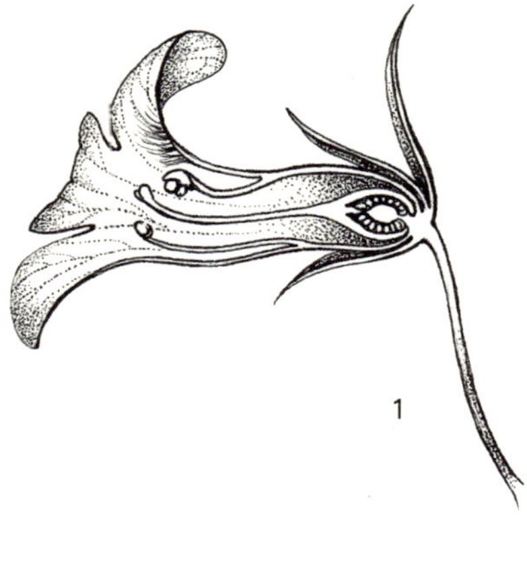

1

Tiges en fleurs
Détail de la fleur (1)
Détail du fruit (2)
Les fleurs de la Gratiole sont si peu spectaculaires qu'elles passent souvent inaperçues, et il faut vraiment chercher cette modeste plante pour la découvrir. Elle était utilisée surtout dans les cas d'hydropisie.

2

Hellébore noir, Rose de Noël — Renonculacées
Helleborus niger — *Ranunculaceae*

Cette belle plante est rare en France, où on ne la trouve à l'état sauvage que dans les Alpes du Sud. Elle est plus commune en Europe centrale, et elle est très souvent cultivée dans les jardins à cause de ses fleurs grandes, très belles, et qui ont l'avantage de fleurir en hiver, à une saison où elles sont les seules à en avoir le courage. La variété cultivée est une forme à fleurs plus grandes et plus développées que celles de la forme sauvage.

C'est une plante vivace, glabre, brune, à tiges marbrées. La tige est annuelle et porte à son sommet de 2 à 4 fleurs blanches ou rosées, grandes et durables. Ce qu'on prend pour des pétales ne sont en fait que des sépales très développés, les pétales eux-mêmes étant presque invisibles et à peine plus courts que les étamines. Les graines sont enfermées dans des follicules allongés, groupées par cinq, et qui contiennent plusieurs graines.

Comme tous les Hellébores, cette espèce contient un alcaloïde appelé helléborine, qui est un drastique violent, qui agit également sur le cœur et le système nerveux. L'extrait des racines était employé autrefois pour purger et calmer les fous. D'où les vers célèbres de La Fontaine :

«Ma commère, il vous faut purger
Avec quatre grains d'Hellébore».

Notons qu'il ne s'agit pas de graines, mais d'un poids très faible utilisé en pharmacie, et qui représentait 0,05 gr. Et c'est l'extrait de la racine qui était pesé, vu son danger, avec un soin extrême. L'usage de l'Hellébore est aujourd'hui tombé en désuétude.

1

Coupes de la fleur (1), du fruit (2), détail des graines (3)
Aspect estival de l'Hellébore avec des tiges fécondes et des feuilles nouvelles
La corolle qu'on voit chez l'Hellébore noir est en fait composée uniquement de sépales. Les pétales minuscules sont disposés autour des étamines comme on le voit dans la coupe de la fleur dessinée ici. Les graines mûrissent rarement, car les fleurs sont presque toujours détruites par les fortes gelées de l'hiver.

2

3

Hydrastis
Hydrastis canadensis

Renonculacées
Ranunculaceae

Cette Renonculacée ne se trouve que dans la partie orientale du Canada et des Etats-Unis. C'est une petite plante herbacée d'une hauteur de 50 cm au plus, qui se divise en deux au sommet où elle porte deux feuilles palmatiséquées. La fleur est terminale, solitaire, à trois pièces blanchâtres. Le fruit composé rappelle une grosse framboise rouge vif. Toute la plante sort d'un rhizome qui est la partie intéressante et récoltée pour la fabrication de drogues diverses. Ce rhizome est noueux et noirâtre, mais sa cassure est jaune d'or. On le récolte après la maturité des graines, on le sèche et on le conserve à l'abri de l'humidité.

Ce rhizome est très toxique, car il contient des alcaloïdes, l'hydrastine qui lui est particulière, et de la berbérine. L'extrait est très toxique à haute dose et il est inscrit au tableau A.

Il est employé sous forme de teinture comme vasoconstricteur contre les hémorragies et les varices ou les hémorroïdes. On ne doit en aucun cas l'utiliser par voie orale, étant donné le danger qu'il présente. C'est donc là une fois de plus une illustration des risques que comportent la plupart des Renonculacées, qu'elles soient indigènes ou exotiques.

On voit ici le détail du fruit (2) de cet Hydrastis. Il est fait d'un amas de petites baies, qui contiennent chacune une graine noire.
Détail de la graine (1)
Aire de distribution dans les régions subarctique et atlantique de l'Amérique du Nord : carte (3)
Plante en fleurs avec structure de la naissance des feuilles bien visible

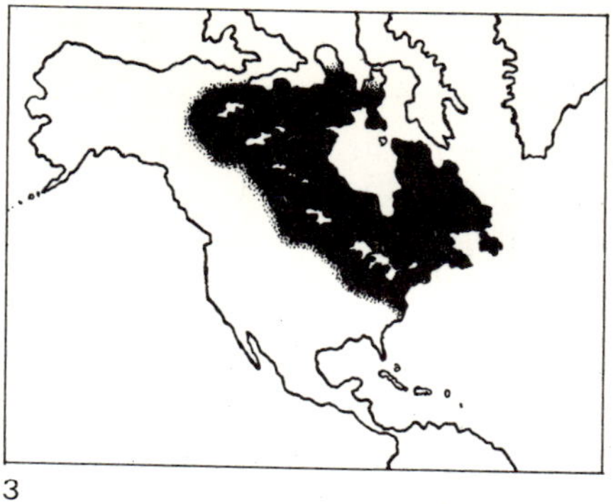

3

Jusquiame noire *Hyoscyamus niger*

Solanacées *Solanaceae*

C'est une forte plante annuelle ou bisannuelle, issue d'une grosse racine pivotante et charnue. La tige est dressée, simple ou très peu ramifiée, d'un mètre de haut, entièrement velue glanduleuse. Les feuilles de la base sont pétiolées, mais celles du haut embrassent la tige. Elles sont ovales, mais en même temps triangulaires et largement dentées sur les bords. Elles sont molles et de toucher un peu visqueux, et elles répandent une odeur repoussante. Les fleurs sont réunies en bouquet au sommet de la tige, avec une corolle presque régulière, largement tubuleuse, au limbe d'un jaune sale élégamment veiné d'un réseau violet, avec une gorge noire. La capsule est renflée à la base, arrondie, et s'ouvre en deux loges qui s'ouvrent au sommet par un opercule. Les graines sont arrondies et en forme de rein.

Cette plante se trouve çà et là dans les décombres et les terrains vagues, mais elle est très capricieuse, et peut tantôt abonder tantôt disparaître complètement. Elle est souvent remplacée dans le Midi par une espèce voisine, moins développée et à fleurs jaunes.

Toutes les Jusquiames sont très toxiques, et contiennent entre autres un alcaloïde spécial, appelé hyosciamine. On l'utilise à doses minimes comme narcotique et antinévralgique. Les animaux ne touchent pas à cette plante à cause de sa fétidité. Mais il arrive qu'il s'en trouve dans les fourrages secs, et l'intoxication se manifeste par des ballonnements, des convulsions violentes, et finalement par une paralysie mortelle.

3

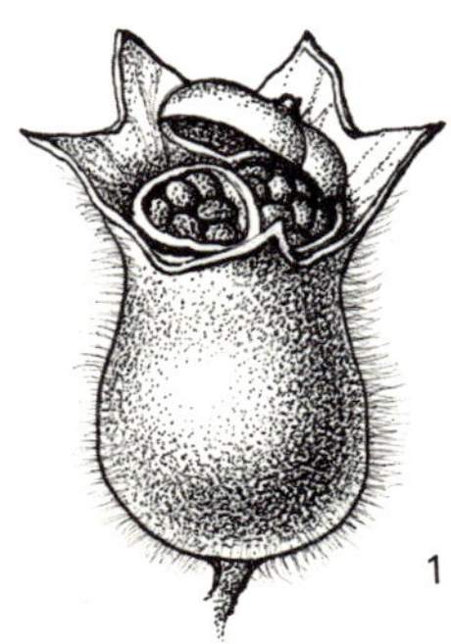

1

2

La capsule qui contient les graines noires et bosselées s'ouvre par un couvercle. La pharmacopée ancienne utilisait beaucoup cette plante, comme en font foi les vieux bocaux des apothicaires (3). Ils en tiraient un baume utilisé en frictions contre les rhumatismes.
Vue d'une capsule mûre avec son couvercle (1)
Graine agrandie avec structure typique (2)
Plante en fleurs, avec les feuilles caractéristiques.

Badianier de Chine
Illicium anisatum

Illiacées
Illiaceae

C'est un petit arbre toujours vert, d'aspect pyramidal, de 3 à 5 mètres de haut. Les feuilles alternes sont sans stipule, entières, lancéolées, pointues aux deux extrémités, lisses et brillantes. Les fleurs isolées ou par très petits groupes ont un pédoncule court entouré à la base par des bractées arrondies. La fleur comporte une vingtaine de pétales d'un blanc jaunâtre. Les carpelles libres entre eux forment un seul verticille, et chacun d'eux donne un follicule contenant une seule graine.

Le fruit proprement dit est composé de huit à dix follicules attachés par leur base et prend la forme d'une étoile noirâtre, d'où son nom vulgaire d'«Anis étoilé».

On cultive cette espèce dans la Chine du sud et dans le nord du Viêt-Nam. Il lui faut beaucoup de chaleur et d'humidité. On récolte les graines avant leur maturité et on les fait sécher à l'ombre. Leur odeur est identique à celle de l'anis indigène, et son principe odorant est également l'anéthol. On en extrait par distillation une essence d'usage dangereux, car c'est un poison nerveux sévère. On l'utilise beaucoup dans la fabrication des liqueurs dites «anisées», où elle remplace celle d'anis véritable beaucoup plus coûteuse.

Pour la pharmacie, c'est surtout un eupeptique, un antidiarrhéique, un antispasmodique, et sous forme d'alcoolat un antiseptique. On ne compte pas le nombre de spécialités dans lesquelles entre cette essence, soit seule soit associée à d'autres produits qui en limitent ou en activent les effets.

1

2

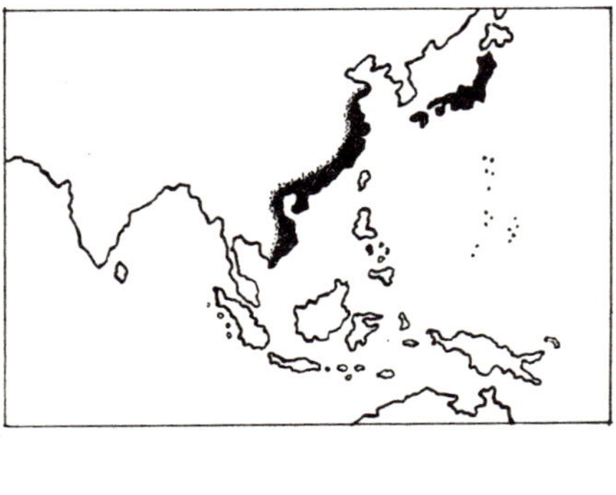

Follicules en étoile (1)
Aire de distribution de *I. anisatum* :
carte (2)
Rameau en fleurs

On utilise volontiers en infusion les «étoiles» de cette Badiane. Mais c'est surtout en liquoristerie qu'elles trouvent leur emploi, où elles remplacent les graines d'anis, beaucoup plus coûteuses.

Sabine
Juniperus sabina

Cupressinées
Cupressaceae

C'est un arbrisseau diffus qui ne dépasse guère deux ou trois mètres de haut, à écorce gris brun, avec de gros bourgeons nus, et des rameaux presque cylindriques. Les feuilles sont très petites, réduites à des sortes d'écailles, imbriquées sur cinq ou six rangs, convexes et glanduleuses sur le dos. Celles des jeunes rameaux sont libres et étalées, linéaires, piquantes, d'un vert sombre. Les fleurs sont monoïques. Les fruits sont bleuâtres et glauques à la maturité, ovoïdes globuleux, ne dépassant pas 5 mm de diamètre. Leur chair molle est très résineuse et collante. Ils contiennent 3 ou 4 petites graines. Cette Sabine se trouve uniquement dans les montagnes, dans les Alpes de Provence et du Dauphiné. Mais on la rencontre aussi en Amérique du Nord, au Caucase et en Sibérie.

C'est une plante très toxique du fait de sa haute concentration en acide gallique qui se transforme avec le temps en pyrogallol. Ces poisons bloquent complètement le circuit intestinal et les animaux qui en ont consommé meurent rapidement. D'autre part les «sorciers» d'autrefois se servaient de cette plante pour provoquer des avortements chez les femmes qui ne voulaient pas de leur enfant. C'est pourquoi pendant très longtemps en France la culture de cet arbre avait été rigoureusement interdite. D'autant que son usage était extrêmement dangereux. Si on le voit cependant aujourd'hui dans les jardins, c'est à titre d'ornement, car c'est un arbre décoratif et de port léger et gracieux.

Aspect général de *Juniperus sabina*
Silicule mâle mûre (1)
La Sabine se voyait autrefois assez souvent dans les jardins de campagne. Elle avait la réputation de régulariser les activités ovariennes, mais surtout elle était utilisée secrètement pour provoquer des avortements, et d'une façon parfois très dangereuse.

1

Faux Ebénier (= Cytise) Légumineuses

Laburnum anagyroides
(= Cytisus laburnum) *Leguminosae*

C'est un arbuste ou presque un arbre de 3 à 6 mètres de haut, avec des feuilles trifoliées et longuement pétiolées. Les fleurs sont d'un beau jaune d'or, disposées en longues grappes pendantes, de 15 à 25 cm de long. Les fruits sont des gousses de 5 à 6 cm de long, velues, et contenant de 3 à 7 graines.

On voit très fréquemment cet arbuste dans les jardins où il est cultivé pour la beauté de sa floraison printanière. A l'état sauvage, on ne le trouve en France que dans l'Est, sur les collines et montagnes calcaires, de la Lorraine aux Alpes Maritimes. Mais comme il se ressème facilement de lui-même, il s'est naturalisé un peu partout, et on en rencontre parfois de belles stations très en dehors de son aire naturelle.

La toxicité de cet arbuste est due à un principe appelé cytisine. Ce poison se trouve surtout concentré dans les graines qui peuvent en contenir jusqu'à 1,5 %. Il arrive que les animaux soient gravement intoxiqués par cette espèce. Ils sont alors pris de vomissements, de convulsions, puis de coma et meurent ensuite par asphyxie. Le danger le plus grave est couru par les enfants qui jouent avec les graines et se laissent tenter à les manger en les prenant pour des petits pois. Il faut donc prendre avec eux toutes les précautions nécessaires pour éviter tout accident.

Fruits : siliques mûres (1)
Rameau en fleurs
Les gousses vertes du Cytise provoquent souvent des accidents chez les enfants qui s'amusent avec en les prenant pour des petits pois. Elles provoquent des intoxications qui peuvent être très graves.

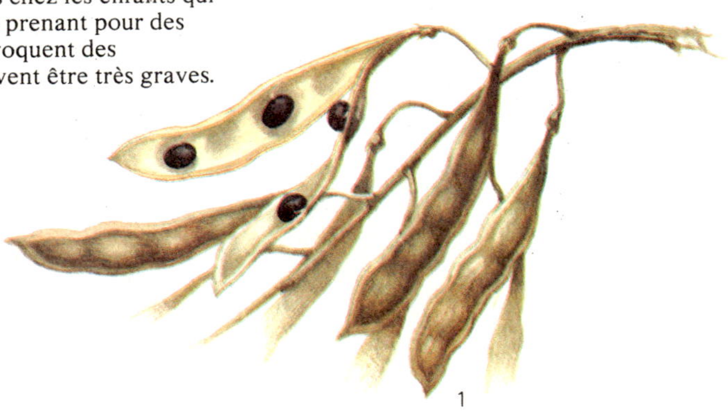

1

Laitue vireuse — Composacées
Lactuca virosa — *Compositae*

Cette Laitue est assez commune, mais passe facilement inaperçue à cause de sa ressemblance avec les espèces voisines. C'est une espèce bisannuelle, qui forme la première année une large rosette de feuilles étalées. L'année suivante, il en sort une tige très robuste, bien poilue inférieurement, et presque entièrement teintée de reflets violacés. Les feuilles sont fermes, étalées, et ont cette particularité de n'être aucunement engainantes, mais disposées horizontalement, contrairement aux autres Laitues chez qui elles sont plus ou moins appliquées contre la tige. Elles sont entières, plus ou moins dentées sur les bords. Les fleurs sont jaunes et semblables à toutes les fleurs des autres Laitues. Les graines, qui sont des akènes, sont terminées par une pointe un peu aiguë. Elles sont noires et largement ovales. La particularité de cette espèce consiste en son latex, qui est épais et très abondant, comme on le voit quand on brise la tige. Toutes les Laitues sont laiteuses, mais celle-ci plus que les autres, et ce latex a été très longtemps utilisé à cause de ses vertus légèrement narcotiques. On s'en servait pour venir à bout des insomnies rebelles, et aussi pour soulager les douleurs rhumatismales. Ce latex était délivré par les pharmaciens sous le nom de *Lactucarium,* et on le trouve encore dans quelques officines. A haute dose, il serait un peu toxique, mais les accidents qu'il pourrait provoquer sont sans doute très rares, car la littérature n'en conserve pas la trace.

3

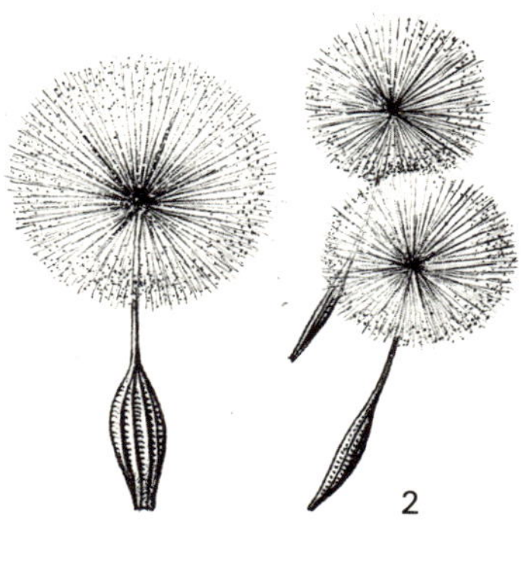
2

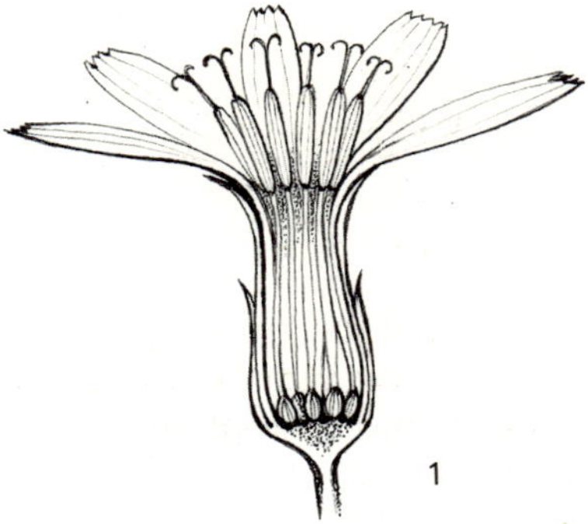

Plante en fleurs : aspect général
Coupe de la fleur (1)
Graines plumeuses : akènes (2)
Ancien pot à lactucarium (3)

Lédon des marais Ericacées
Ledum palustre *Ericaceae*

Le Lédon est un sous-arbrisseau toujours vert, à feuilles alternes, persistantes, coriaces, linéaires, toutes couvertes de poils roux à la face inférieure, à bords repliés en dessous. Les fleurs sont blanches disposées en ombelle. Le fruit est une capsule qui s'ouvre à la maturité.

Cette curieuse espèce est inconnue en France, alors qu'elle est très abondante dans les tourbières de l'Europe du Nord et de l'Amérique, en Sibérie également. C'est donc une espèce exclusivement nordique et turficole.

Le Lédon dégage une odeur aromatique particulière et assez peu agréable, voisine en plus sauvage de celle du Romarin. A haute dose, il est toxique, mais on utilise l'infusion légère de ses feuilles amères comme amer et astringent, surtout pour les bains de bouche.

Toutefois, étant donné que sa toxicité véritable est mal connue, il ne faut l'utiliser qu'avec une extrême prudence.

On en a tiré quelques spécialités pharmaceutiques utilisées en homéopathie, en pommades, et en injections pour les soins gynécologiques.

C'est au surplus une plante d'aspect curieux et décoratif.

1

Coupe de la fleur (1)
Coupes de la capsule (2) et des graines (3)
Rameau fleuri ; ombelles de fleurs au bout des rameaux
Ce Lédon est inconnu dans la flore française, et c'est dommage, car c'est une fort belle plante. Les corymbes de ses fleurs sont très gracieux, et le détail de la fleur elle-même en découvre la délicate architecture.

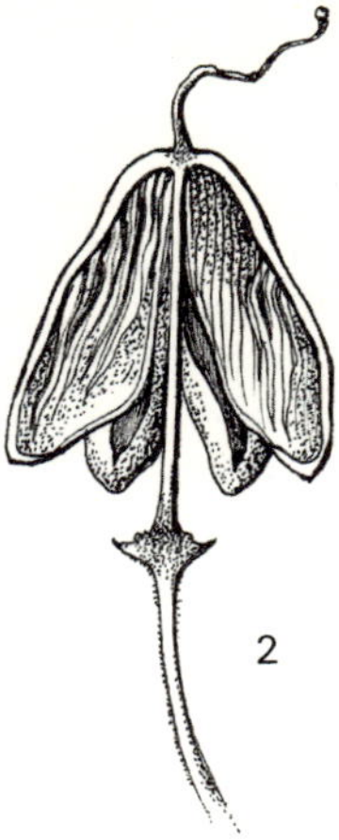

2

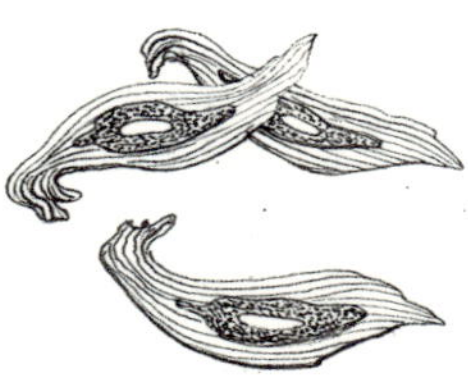

3

Lobélie enflée Campanulacées
Lobelia inflata *Campanulaceae*

Cette Lobélie, originaire d'Amérique du Nord, ne se voit chez nous que dans les cultures où on la maintient pour en extraire certains principes médicamenteux. C'est une plante annuelle, avec une tige dressée, velue, de 30 à 50 cm de haut. Les feuilles sont sessiles, elliptiques avec une marge denticulée. Les fleurs, assez grandes, de couleur lilas, sont dissymétriques et disposées en grappe lâche au sommet des tiges. Le fruit est une grosse capsule d'où s'échappent les graines à la maturité. On cultive parfois en grand cette plante pour les usages médicinaux, car elle est utile contre l'asthme et les rhumatismes. Elle est de plus sudorifique et vomitive à haute dose. C'est sans doute cette vertu sudorifique qui l'a fait utiliser autrefois comme remède contre la syphilis «qu'il fallait suer», comme disaient les docteurs de l'ancien temps. Bien entendu, les antibiotiques ont relégué cet usage de la plante dans les Codex oubliés.

Le principe essentiel de cette plante est la lobéline, alcaloïde dont l'action est voisine de celle de la nicotine. On a cultivé aussi cette plante comme ornementale, mais sa floraison est trop brève et trop pauvre pour mériter cet honneur. Aussi ne la voit-on guère que dans les jardins botaniques à titre de curiosité.

Espèce voisine *L. siphilitica* en fleurs (3)
Détail de la fleur de ce Lobélia (1). Elle est de même constitution que celle des Lobélias bleus qu'on cultive couramment dans les jardins en bordure en été, à cause de leur floribondité inépuisable.
Coupe du fruit (2)
Plante en fleurs

3

2
1

Ivraie enivrante
Lolium temulentum

Graminées
Gramineae

C'est la seule de nos graminées indigènes qui soit toxique, et elle n'est pas très facile à distinguer au premier abord des espèces voisines, ou même du blé auquel elle ressemble un peu. C'est une herbe annuelle, de 40 à 100 cm de haut, à racines fibreuses, et sans rosette à la base. Les tiges sont robustes, dressées et raides. Les feuilles de la tige sont grandes, planes, larges de 4 à 10 mm (c'est-à-dire bien plus larges que celles du blé). L'épi est robuste, allongé, avec un axe épais, raide, et les épillets sont appliqués contre la tige dès la floraison. Ils ont chacun de 3 à 10 fleurs serrées les unes contre les autres. Chaque grain est enveloppé dans une glume coriace qui le dépasse. Le grain, semblable à celui du blé est épais, ovale et oblong.

Cette «mauvaise herbe» se trouve un peu partout surtout dans les cultures, où autrefois elle se mélangeait au blé, et provoquait de graves accidents. Mais maintenant que les grains sont soigneusement triés, tout risque de ce genre a disparu.

Il n'en allait pas de même dans l'ancien temps, où on la redoutait beaucoup, et l'Evangile déjà conseillait de bien trier la graine. Les accidents qu'elle provoque sont voisins de ceux qu'on doit au redoutable aconit, avec en plus des troubles respiratoires et psychiques, qui font penser à l'ivresse alcoolique, d'où le nom de cette plante. Mais son intérêt devient de plus en plus historique, et beaucoup de botanistes avouent ne l'avoir jamais rencontrée.

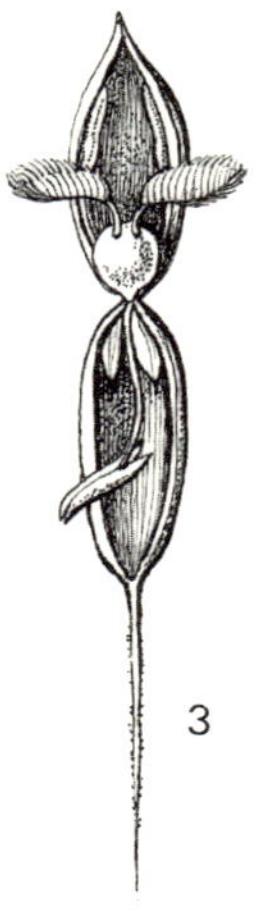
3

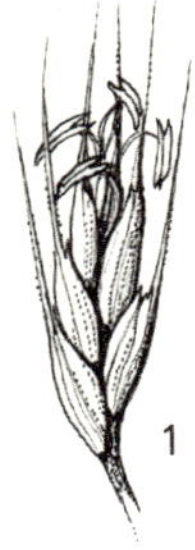
1

La fleur et l'épi de cette Ivraie ressemblent à ceux de beaucoup d'autres Graminées. Mais on n'a pas souvent l'occasion de rencontrer cette plante qui semble être en voie de disparition.
Epi (1), glumelles (2), coupe de la fleur (3)
Aspect général de la plante

Chèvrefeuille noir Caprifoliacées
Lonicera nigra *Caprifoliaceae*

Alors que beaucoup de chèvrefeuilles sont des arbustes grimpants et cultivés comme tels dans tous les jardins, recherchés aussi pour la suavité de leur parfum, il en est d'autres comme celui-ci qui sont de simples arbustes ordinaires, et dont les fleurs sont inodores. Le Chèvrefeuille noir ne dépasse pas un ou deux mètres de haut. Il est de port dressé, avec des rameaux bruns, glabres et très souples (ce qui le fait rechercher pour la fabrication de balais grossiers). Les feuilles sont opposées, à peine pédonculées, oblongues elliptiques, glabres, avec des nervures plus sombres. Les fleurs sont portées par de fins pédoncules trois à quatre fois plus longs que les fleurs elles-mêmes. Ces fleurs apparaissent par deux. Elles sont petites, d'un blanc rosé et d'aspect insignifiant. Leur corolle a deux lèvres, avec un tube court à la base, plus court que le limbe lui-même. Les filets des étamines sont velus à la base. Les baies sont petites, toujours par deux, noires, molles et de saveur très amère.

Cette espèce est assez commune dans les bois et les rocailles de toutes nos montagnes, et on la trouve jusque dans l'Asie boréale.

Les baies, comme celles de tous les chèvrefeuilles, sont toxiques, et si elles ne sont pas responsables de beaucoup d'accidents, c'est à cause de leur saveur détestable qui en rendrait la consommation impossible. Elles contiennent une certaine quantité de saponine et de l'acide cyanhydrique, analogue à celui qu'on trouve dans les jeunes plants du sorgho, dont les graines sont parfaitement comestibles. Les chèvrefeuilles font donc partie de ces plantes d'apparence inoffensive mais dont il faut savoir se méfier.

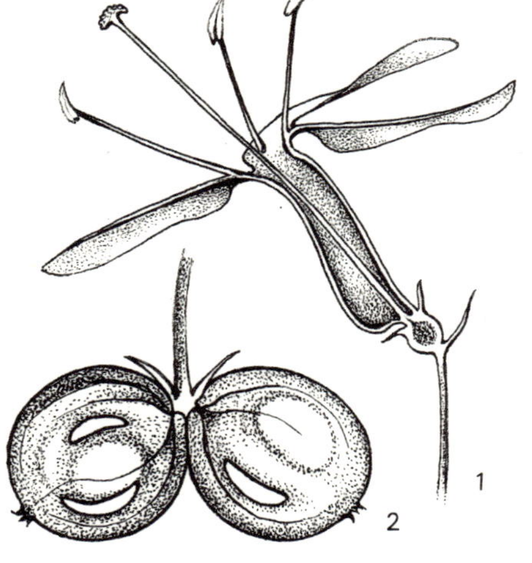

Coupe du fruit (2)
Coupe de l'inflorescence (1)
Rameau fleuri du Chèvrefeuille noir
Fleur de *L. caprifolium* (3) : chèvrefeuille grimpant, qui est beaucoup plus décoratif, et de plus délicieusement parfumé. Mais ses baies rouges sont aussi toxiques que les noires.

3

Peyotl
Lophophora williamsii

C'est un cactus mexicain d'aspect très étrange. Il pousse dans les endroits les plus arides et les plus rocailleux, où il enfonce une grosse racine charnue et hérissée de gros filaments, qui lui sert de réserve. La plante elle-même se trouve au ras du sol et se présente comme un petit agglomérat de tubercules arrondis terminés en pointe et armés de courtes épines. Ces tubercules ne sont jamais qu'au nombre de cinq ou six, et de leur cœur éclôt à la saison une fleur rose, semblable à celles de notre vulgaire Figuier de Barbarie *(Opuntia vulgaris)*. C'est donc une plante d'aspect ingrat et sans aucun attrait décoratif, contrairement à tant d'autres Cactacées qui présentent souvent des floraisons admirables en même temps que de savantes architectures.

Ce qui fait la célébrité de ce Peyotl, ce sont ses propriétés psychotropes. En effet, depuis toujours les Indiens du Mexique l'utilisent «pour avoir des visions». Il est vrai qu'après son absorption, le sujet est pris de vertiges, perd toute notion du temps et de l'espace, et voit défiler dans son esprit toutes sortes de visions colorées hallucinantes. Ce pouvoir est dû à un alcaloïde maintenant bien connu, la «mescaline», dont l'effet est à peu près identique à celui des divers hallucinogènes à la mode chez divers drogués. On prétend toutefois que le Peyotl est moins dangereux que d'autres drogues, parce qu'il ne provoque pas d'accoutumance ni de servitude.

Pour les curieux, il en existe quelques exemplaires dans les serres du Muséum de Paris.

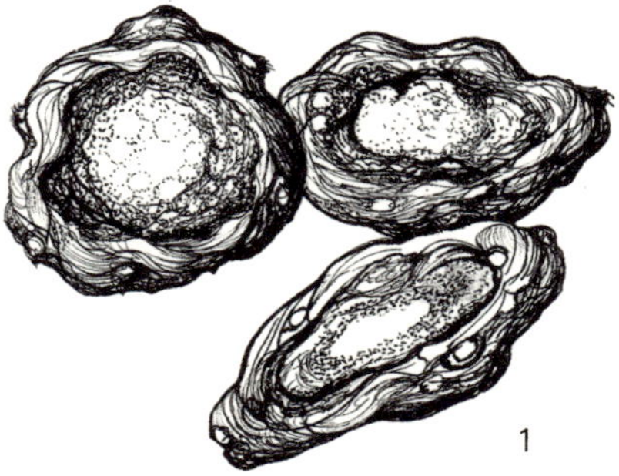

1

Fragments desséchés de Peyotl (1), forme sous laquelle il est couramment consommé par certaines tribus d'Indiens du Mexique.
Aspect général de cette espèce couverte de poils argentés.

Lupin des jardins Légumineuses
Lupinus polyphyllus *Leguminosae*

Il existe en Europe plusieurs espèces de lupins plus ou moins toxiques, dont certains sont cultivés comme engrais vert dans les terres acides de la Bretagne par exemple. Les Grecs de l'Antiquité en cultivaient une espèce dont ils consommaient les graines une fois grillées, mais on ne sait pas de quelle espèce il s'agissait. Celui-ci est le plus connu de tous, quoiqu'il soit d'origine américaine, car sa grande taille, ses énormes grappes de fleurs de toutes les couleurs le font cultiver dans les plates-bandes de plantes vivaces où il refleurit tous les ans sans aucune difficulté.

C'est donc une plante vivace, qui peut atteindre 1,50 m de haut. Les feuilles en sont palmatiséquées, divisées en folioles dont le nombre varie de 10 à 15. Les fleurs d'un violet pourpré dans la variété originale ont pris par la culture une variété extraordinaire de coloris, qui vont du blanc pur au rouge et à tous les tons de l'orangé et du bleu. Les fleurs disposées en épis serrés forment une grappe de 40 à 50 cm de long au sommet des tiges. Elles sont suivies par des fruits en forme de gousses d'abord vertes puis noires à la maturité.

Ces graines rondes et noirâtres contiennent les mêmes toxines que celles des autres lupins, mais semble-t-il en plus grande quantité. Une dose de 100 grammes de graines est considérée comme mortelle. La toxine principale est un alcaloïde appelé lupinine, qui provoque des troubles graves du tube digestif, puis une nécrose progressive des cellules du foie et finalement des centres nerveux. On dit que les oies qui en broutent par erreur y sont particulièrement sensibles et en meurent facilement.

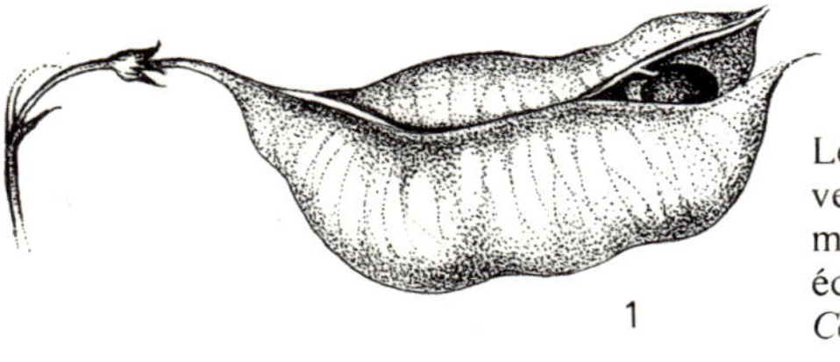

1

Les gousses de ce Lupin, d'abord vertes et velues, deviennent toutes noires à la maturité. Elles s'ouvrent alors et laissent échapper leurs graines au hasard : *Colutea arborescens* (1), *Ornithopus perpusillus* (2), *Melilotus officinalis* (3), *Medicago sativa* (4).
Plante en fleurs à feuilles multiples

4
3
2

Laurier rose — Apocynacées
Nerium oleander — *Apocynaceae*

Ce bel arbrisseau cultivé dans tout le Midi ou ailleurs comme arbuste d'orangerie ne se trouve à l'état sauvage en France que dans le Var, les Alpes-Maritimes et la Corse. Ailleurs il est couramment planté, et l'horticulture en a tiré des variétés infinies, remarquables par la taille ou la couleur des fleurs, ou par leur duplicature. Ce Laurier rose atteint de 2 à 3 mètres de haut. Ses tiges sont glabres, et répandent à la cassure un suc laiteux. Les feuilles sont opposées, ou par trois, coriaces, persistantes, longuement lancéolées et aiguës, à nervures parallèles, et serrées sur la tige. Les fleurs sont d'un beau rose dans le type, grandes, généralement odorantes, disposées en larges corymbes terminaux. La corolle est en soucoupe, avec cinq pétales soudés par leur base. Le fruit est un follicule qui se soude en une gousse cylindrique, et les graines (qui se forment assez rarement) sont poilues et munies d'une aigrette.

Cet arbuste est un poison violent, qu'il ne faut pas confondre avec le laurier-sauce, utilisé constamment comme assaisonnement. On cite toujours le cas de soldats français qui en Grèce, pendant la guerre de 1914, sont morts pour avoir fait rôtir de la viande enfilée dans les branches fraîches de laurier avant de les mettre sur le feu. La toxine principale, appelée oléandrine, provoque rapidement des convulsions et une asphyxie mortelle. Il suffirait de 100 grammes de feuilles pour faire mourir un bœuf. C'est dire le danger que peut représenter cette espèce pour des gens non avertis.

1

L'illustration principale représente la forme sauvage du Laurier rose. Mais, à gauche, vous en voyez des formes horticoles, dont une à fleurs pleines, une blanche, et une rouge (1). Il y en a aussi de jaunes, mais les roses doubles sont les plus parfumées.

Tabac Solanacées
Nicotiana tabacum *Solanaceae*

C'est une plante annuelle, herbacée, de 1 à 2 mètres de haut, pubescente-glanduleuse, à odeur vireuse. La tige est dressée, arrondie, rameuse et feuillée. Les feuilles sont très amples, oblongues-lancéolées, terminées en pointe, sessiles, tandis que celles du haut sont embrassantes et décurrentes. Les fleurs sont rosées, ou d'un vert rougeâtre (de couleur plus variée dans les variétés horticoles et ornementales), grandes, en panicules étalées munies de bractées. La corolle est tubuleuse, en entonnoir, 4 ou 5 fois plus longue que le calice, à tube très allongé élargi en forme de massue en son milieu, avec un limbe grand, étalé, à lobes triangulaires. La capsule est ovale et dépasse le calice. Cette plante originaire de l'Amérique tropicale est aujourd'hui cultivée dans le monde entier pour la production du tabac, drogue dont l'histoire mériterait à elle seule tout un livre.

Elle contient entre autres alcaloïdes la nicotine, qui est un poison violent. Les feuilles préparées selon les règles de l'art perdent la plus grande partie de cette nicotine. Car telles quelles leur absorption serait mortelle à coup sûr. Cette nicotine provoque des tremblements, de la paralysie, une accélération de la respiration, une perte progressive de la sensibilité, et pour finir un coma paralysant. Si à faible dose le tabac n'est pas trop dangereux, son abus provoque une intoxication chronique, peut attaquer les poumons, et fait perdre l'odorat.

Mais la nicotine est en même temps un insecticide très puissant, et le moins dangereux à employer dans les jardins contre les pucerons ou les chenilles, car il est rapidement détruit par les agents atmosphériques. Il est bien préférable à tous les produits chimiques de remplacement dont les effets sont encore mal connus.

3

Nicotiana tabacum en fleurs avec structure des feuilles bien visible
Espèce *Nicotiana rustica* en fleurs (3)
Détail de la fleur (1) et du fruit (2)
Il existe plusieurs formes de Tabac, qui diffèrent par la forme de leurs feuilles ou de leurs fleurs, et aussi par leur teneur en nicotine et en principes odorants. De là les diverses qualités des cigares ou cigarettes qu'on trouve dans le commerce.

1
2

Nénuphar jaune
Nuphar luteum

Nymphéacées
Nymphaeaceae

C'est une espèce vivace, pourvue d'un long rhizome charnu qui rampe dans la vase au fond des étangs ou dans les bras tranquilles des rivières. Les feuilles, grandes, arrondies, sont découpées en cœur à leur insertion dans le pétiole. Ce pétiole cylindrique à la base devient triangulaire au sommet. Les feuilles s'étalent largement à la surface de l'eau, et elles sont enduites d'une sorte de cire légère qui fait qu'elles ne sont jamais mouillées, car les gouttes d'eau y roulent et s'en échappent aussitôt. Les fleurs sont jaunes, assez grandes, d'un parfum particulier à la fois suave et un peu écœurant. Ce qu'on prend pour des pétales sont en réalité des sépales, jaune d'or en dedans, persistants. Les vrais pétales sont nombreux mais petits, portant des fossettes nectarifères sur le dos. Ils sont trois fois plus courts que le calice, et passent presque inaperçus. Le fruit est presque sphérique ou subconique et n'offre aucune cicatrice.

On a consommé autrefois en temps de famine la racine de cette plante, car elle est farineuse et on s'en servait pour allonger la farine de blé ou de seigle. Mais elle a une saveur un peu amère et astringente peu plaisante. D'autre part, cette racine prise en infusion contient des principes calmants qui en font un narcotique doux, et un anaphrodisiaque dont la légende veut qu'on se soit beaucoup servi dans les monastères.

2

Nénuphar ornemental à fleurs roses, à la surface de l'eau (2)
Coupe de la fleur de Nénuphar avec étamine et pistil (1)
Nénuphar en fleurs, à la surface de l'eau

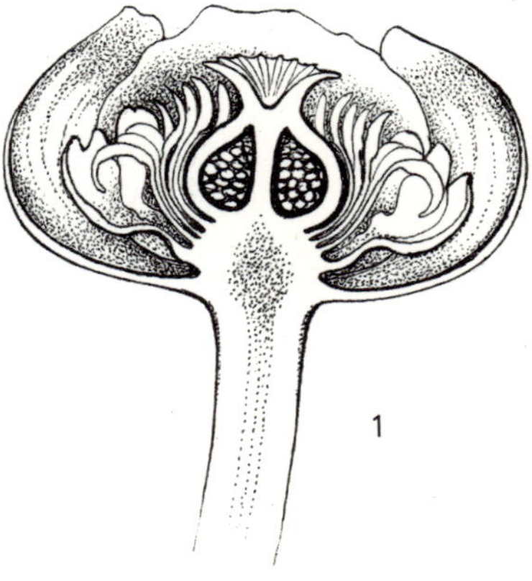

1

Pivoine des pharmaciens Renonculacées
Paeonia officinalis *Ranunculaceae*

Il semble bien qu'on n'ait jamais trouvé cette Pivoine à l'état sauvage en France, mais elle se voit dans presque tous les jardins. C'est une plante vivace, à grosses racines charnues, fusiformes, qui dégagent une odeur forte et poivrée. Les tiges sont herbacées, simples, venant en touffes épaisses, s'élevant de 60 cm à 1 mètre. Les feuilles sont alternes, amples, entières, sauf celles du haut de la tige qui sont profondément divisées en trois parties. Les fleurs sont inodores, toujours solitaires, larges de plus de 10 cm, composées d'un calice coriace, vert et persistant. La corolle est faite de 5 à 8 pétales convexes, d'un rouge éclatant, se recouvrant à la base et formant une très belle coupe. Les étamines sont nombreuses, à filets rosés. Les carpelles sont dressés, étalés, poilus, laissant voir à la maturité des graines de la grosseur d'un pois d'un bleu-noir. La floraison a lieu en avril—mai. On ne voit guère dans les jardins que la forme à fleurs pleines, bien plus décorative, mais qui reste stérile. C'est une de ces plantes «inusables», qui refleurissent fidèlement tous les ans sans aucun soin.

Les racines de saveur très âcre sont toxiques et ne doivent pas être confondues avec celles de différents légumes. Elles ont été utilisées autrefois par les pharmaciens comme purgatif drastique, mais cet usage trop brutal est aujourd'hui complètement abandonné.

1

Fruits de *P. mascula* avec graines de différentes couleurs (1)
Il est très rare de voir les graines de cette Pivoine, car on ne cultive généralement que la forme à fleurs pleines, qui est stérile. La graine se forme dans des capsules qui éclatent à la maturité et la laissent échapper.
Paeonia officinalis à fleurs rouges, et détail des follicules.

Pavot à opium

Papaver somniferum

Papavéracées

Papaveraceae

C'est une grande plante annuelle, de 1 à 1,50 mètre de haut, à tige simple ou à peine ramifiée dans le haut, glabre, à feuilles d'un vert glauque et cendré et qui semblent couvertes d'une sorte de cire. Les feuilles de la base sont pétiolées, mais celles du haut sont sessiles. Toutes ont une forme allongée-ovale, sont irrégulièrement divisées et glabres. Les fleurs sont solitaires, elles présentent d'abord deux sépales caducs qui tombent dès la floraison, et quatre pétales roses ou blancs, avec un onglet noir à la base, de nombreuses étamines, et un gynécée fait d'une vingtaine de carpelles qui se soudent ensemble de façon à former pour finir une grosse capsule couverte par les traces des stigmates. Cette capsule contient une grande quantité de graines petites et ridées.

On cultive de toute antiquité cette espèce pour plusieurs raisons. D'abord comme plante oléagineuse, car ses graines donnent une huile égale en qualité à celle d'olive. Ensuite comme assaisonnement, car ces graines entrent dans la confection de beaucoup de pâtisseries surtout en Orient. Ensuite encore comme plante d'ornement, surtout pour ses formes à fleurs pleines très décoratives, et enfin et surtout pour ses vertus médicinales. Car ce pavot contient plusieurs alcaloïdes connus depuis toujours pour leurs vertus calmantes ou narcotiques. On en tire la morphine, la codéine, la papavérine, la laudanénine et les fameuses «drogues dures» qui donnent lieu aujourd'hui à tant de trafics criminels. Et évidemment l'opium!

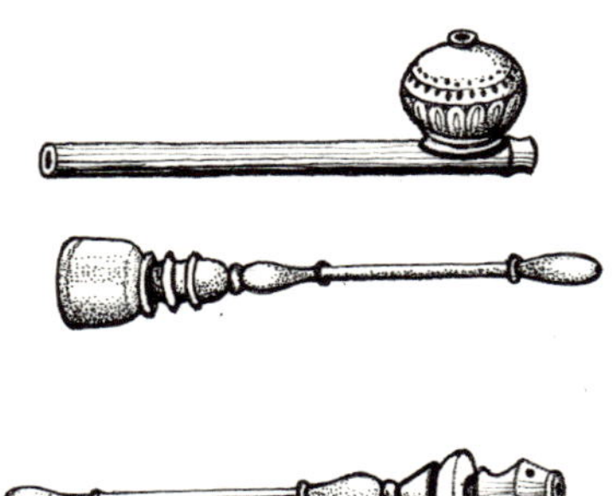

1a

Diverses formes de pipes à opium (1a, 1b)
L'opium fut longtemps la seule drogue tirée du Pavot. Ce sont les chimistes qui, en y regardant de plus près, en ont extrait une série d'alcaloïdes pourvus de propriétés différentes.
Pavot en fleurs

1 b

Parisette *Paris quadrifolia*

Cette curieuse Liliacée est vivace à partir d'un rhizome horizontal qui ne donne qu'une tige. Celle-ci a de 30 à 40 cm de haut et elle porte à son sommet en général quatre feuilles sessiles, ovales, qui forment comme une couronne. Mais il arrive que ces feuilles viennent aussi par trois ou par cinq. Au centre de cette couronne de feuilles apparaît une fleur unique étoilée, verdâtre, dressée, pédonculée, hermaphrodite. Elle montre huit étamines insérées à la base du périanthe. Le fruit est une baie globuleuse, d'un noir bleuâtre à quatre loges et contenant quatre graines blanches. C'est une plante de l'Est et du Nord, inexistante dans les régions méridionales. On la trouve dès le printemps dans les bois frais, où elle est une des premières à fleurir d'avril à juillet selon les altitudes, et ses baies mûrissent beaucoup plus tard et se voient jusqu'en automne, bien souvent alors que les feuilles ont déjà disparu.

Cette plante est très toxique, et toutes ses parties contiennent deux saponosides, la paridine et la parastyphnine, qui ont une action violente par irritation des muqueuses en même temps qu'une action excitante qui peut aller jusqu'aux convulsions sur le système nerveux. Mais les empoisonnements par cette plante sont rares, et on signale quelquefois le cas d'enfants qui se sont laissés tenter par les baies bleues de la Parisette en automne. Mais leur amertume les rend sûrement immangeables.

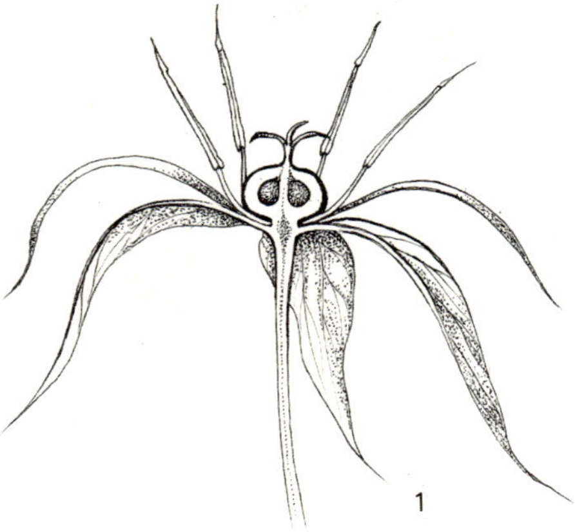

Détail de la fleur (1), avec ses bractées, ses longues étamines et son ovaire central surmonté de trois pistils.
Détail du fruit (2)
Pied de Parisette

2

Coqueret, Amour en cage Solanacées
Physalis alkekengi *Solanaceae*

Cette plante vivace a de longues racines traçantes qui peuvent envahir rapidement un terrain abandonné. La tige est dressée, simple ou rameuse, verte et comme couverte de poussière. Les feuilles se présentent par deux, pétiolées, ovales et pointues, et fortement nervées. Les fleurs sont blanches, petites, solitaires et penchées sur leurs pédoncules. Le plus curieux de cette plante est son calice qui est d'abord petit, vert, velu, en cloche, mais qui rapidement se gonfle comme une vessie très ample, ovale, tronquée à la base, à la fin d'un beau rouge orangé et qui enveloppe le fruit sans le toucher. Ce fruit est une baie à deux loges, globuleuse, grosse comme une cerise et d'un beau rouge.

Cette curieuse disposition du fruit qui se conserve très bien desséché fait rechercher cette plante pour l'ornement des bouquets perpétuels, et il en existe des formes horticoles à fruits plus développés. On en cultive aussi surtout en Amérique une variété annuelle dont les baies acidulées fournissent une confiture appréciée comme condiment pour assaisonner diverses viandes. Notre espèce indigène contient, surtout dans ses baies, un alcaloïde appelé solanine, commun chez toutes les plantes de la même famille, qui rendrait sa consommation dangereuse.

Le petit lampion du Coqueret, quand on l'ouvre, laisse voir une baie rouge de saveur très désagréable, de sorte que personne ne peut être tenté de la consommer.
Détail de la fleur (1)
Coupe de la graine agrandie (2)

Cette Légumineuse africaine donne des gousses qui contiennent de gros grains semblables à des haricots tout noirs, allongés, et de saveur amère. On ne risque pas de rencontrer cette plante en Europe, car elle est exclusivement d'Afrique tropicale. Les indigènes connaissaient très bien ses propriétés malfaisantes, mais elles n'étaient utilisées que dans des cas vraiment particuliers, c'est-à-dire comme poisons d'épreuve. Le poison était obtenu en broyant ces fèves, qui peuvent avoir 3 ou 4 cm de long sur 1 cm de diamètre, et on a ainsi une pâte épaisse que l'accusé devait avaler devant le peuple assemblé pour assister au jugement. Cette absorption était souvent rendue difficile par la terreur même inspirée au malheureux, et il devait ensuite marcher jusqu'à l'apparition des premiers symptômes.

Le prévenu devait donc avaler l'équivalent de quelques graines, ou d'un nombre plus important. Chose étrange, plus grand était le nombre et moins grand était le risque, car une grande quantité de fèves provoquait des vomissements qui débarrassaient l'organisme de l'excès du poison. Au contraire, une ou deux graines immédiatement digérées avaient un effet presque foudroyant.

Le poison de ces graines est maintenant bien connu; c'est l'ésérine, qui provoque un ralentissement des battements du cœur, un affaissement de la tension artérielle et une contraction des bronches qui conduit rapidement à l'asphyxie. Mais l'ésérine savamment dosée a trouvé en médecine des emplois qui ne sont pas négligeables.

1

Fèves de Calabar, grandeur nature (1)
Plante en fleurs

Jaboranti

Pilocarpus microphyllus

Rutacées

Rutaceae

Cette Rutacée du Brésil a connu son heure de gloire quand la «pilocarpine» qu'on en extrait était à la mode. C'est un arbuste à feuilles composées pennées et qui donne des grappes allongées de fleurs pourpres. Les fruits sont de petits follicules à graines très fines.

On utilise en pharmacie les feuilles dont les folioles d'un vert jaunâtre sont échancrées au sommet.

Le Jaborandi contient plusieurs alcaloïdes, dont le principal est la pilocarpine. Ce produit est un parasympathicomimétique, qui agit sur les déséquilibres vago-sympathiques.

On se sert très rarement des feuilles telles quelles, mais on en tire la teinture de Jaborandi, qui est utilisée dans les dystonies, et aussi comme myotique en ophtalmologie. On en extrait aussi des remèdes antigoutteux et il entre dans la composition du remède connu sous le nom d'Hépascol. Mais ce sont surtout les collyres destinés aux soins des yeux qui semblent les plus efficaces et les oculistes s'en servent constamment, sous un nom ou sous un autre. Cependant ses usages sont assez restreints. Cette plante était déjà connue pour ses propriétés par les Brésiliens d'origine, qui l'ont fait connaître aux premiers Européens arrivés dans le pays.

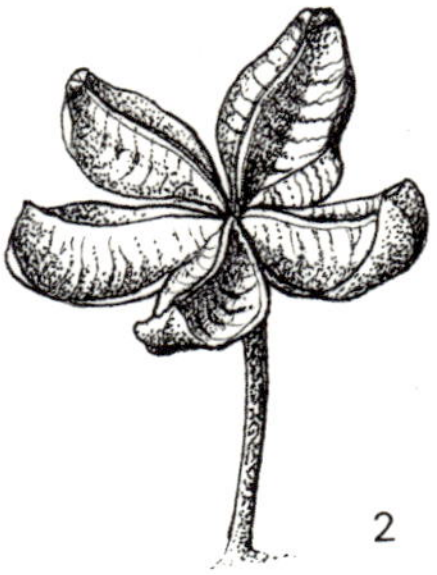

2

Détails de la fleur (1) et des graines (3)
Fruit ouvert de Jaborandi (2). Ce n'est pas lui qui est utilisé en pharmacie, mais les feuilles dont on tire la pilocarpine.
Rameau avec une longue grappe de fleurs assez petites ; des feuilles pennées bien visibles

3
1

Poivrier bétel | Pipéracées
Piper betle | *Piperaceae*

Comme tous les poivriers, celui-ci est une plante grimpante munie de racines adventives qui s'accrochent à leur support, que ce soit un arbre ou une perche ménagée à cet effet. Les feuilles sont coriaces, vert foncé, ovales cordiformes, et pointues au bout. Les fleurs se présentent en longs chatons dioïques, pendants, et sont suivies de graines rondes et noirâtres.

Ces graines passent pour toxiques, et le seul usage de cette plante se trouve dans ses feuilles. En effet, dans tout l'Orient et surtout dans l'Inde, on les réduit en poudre et on en fait une pâte épaisse qu'on mélange avec un broyat de noix d'arec. Ce mélange est à la fois élastique et gluant, et sert de masticatoire. On y ajoute aussi une certaine proportion de chaux, et l'ensemble a une saveur à la fois acide et astringente. S'il est considéré comme une espèce de dentifrice, son abus constant finit par déchausser les dents et aussi par les noircir, ce qui ne semble pas gêner les usagers.

On peut le classer parmi les drogues douces, comme le tabac avec lequel on le mélange aussi pour le chiquer. Il ne semble pas que son usage se soit jamais répandu en Europe, sans doute à cause de ses résultats vraiment inesthétiques.

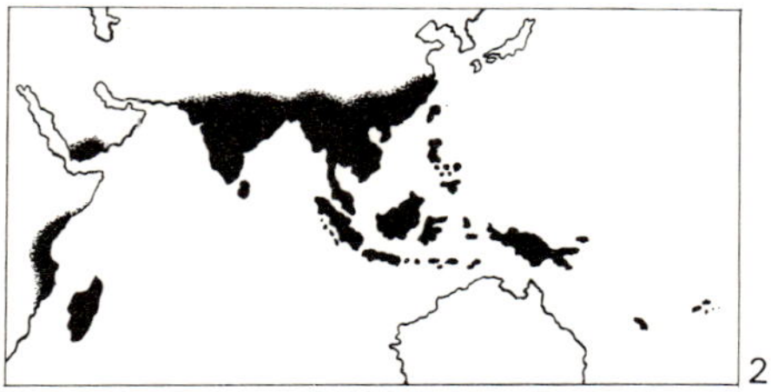

Voici l'aire de culture et d'usage du Bétel (2). Son principal inconvénient est qu'il tend à déchausser les dents après un usage prolongé.
Noix d'arec (1)
2 Rameau fécond

1

Podophylle pelté Berbéridacées
Podophyllum peltatum *Berberidaceae*

C'est une étrange Berbéridacée d'Amérique du Nord. Cette plante vivace possède une souche horizontale qui donne naissance à une ou deux feuilles longuement pétiolées, peltées, c'est-à-dire que la tige s'insère au milieu de la feuille comme chez les capucines. Ces feuilles ont un limbe réniforme et inégalement découpé en 5 ou 6 lobes peu marqués. Les fleurs sont penchées, solitaires, cachées par les feuilles, blanches, composées de 6 à 9 divisions ovales. Elles sont suivies par un fruit en forme de baie d'un vert jaunâtre. La floraison a lieu en mai.

Presque toutes les plantes de cette famille sont des arbustes, et celle-ci fait exception. On la trouve dans tout l'Est des Etats-Unis et au Canada, où elle se plaît dans les terrains marécageux et surtout tourbeux. On la cultive parfois en Europe dans les jardins de rocaille, où son beau feuillage donne des effets décoratifs intéressants.

Cette plante passe pour toxique, mais vu sa rareté chez nous, elle n'est guère redoutable. Ses baies seraient un purgatif violent, et la tradition veut qu'on s'en soit servi pour les mélanger aux appâts qu'on préparait pour empoisonner les loups ou les renards. Il ne semble pas que la médecine se soit jamais occupée des propriétés possibles de cette espèce.

1

Fruit ouvert de Podophylle (1). On ne le voit en Europe que dans les jardins botaniques, ou dans les rocailles d'ornement, où son feuillage et ses fleurs font le meilleur effet.
Plante en fleurs, avec ses feuilles caractéristiques

Sceau de Salomon odorant — Liliacées
Polygonatum odoratum (= *Officinale*) — *Liliaceae*

Cette Liliacée vivace sort d'un gros rhizome charnu, qui porte de place en place les cicatrices de la tige de l'année précédente. Ces cicatrices ont la forme d'un sceau, d'où le nom vulgaire de Sceau de Salomon que portent les espèces de ce genre. Cette espèce-ci a des tiges annuelles de 40 à 50 cm de haut, glabres, gracieusement penchées, pourvues de feuilles allongées elliptiques ou ovales, terminées en pointe et disposées sur deux rangs. Toutes leurs nervures sont parallèles. Les fleurs sont blanches, pendantes sous les feuilles au bout d'un court pédoncule, et ce sont les seules du genre à être parfumées. Leur odeur est celle des amandes amères, mais en plus doux. Elles sont d'habitude disposées par petits bouquets de 2 à 5 fleurs à l'opposé des feuilles.

Elles sont suivies à la maturité par des baies d'abord vertes, puis noires, qui contiennent 4 ou 5 graines.

Tous les Polygonatums sont de violents purgatifs et leur usage est complètement tombé en désuétude, à cause du danger de leur dosage. Toutefois, dans les campagnes, on utilise encore et avec profit les tranches des rhizomes en emplâtres sur les cors et durillons des pieds qui se trouvent ainsi ramollis et plus faciles à tailler ou même à extirper au besoin. Les espèces voisines ont les mêmes propriétés et méritent la même méfiance.

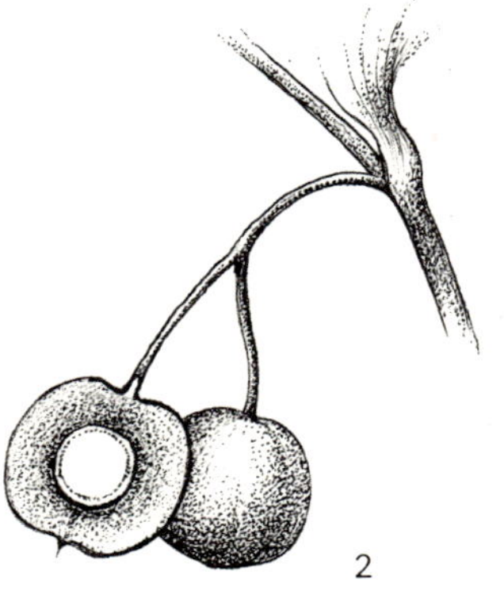

2

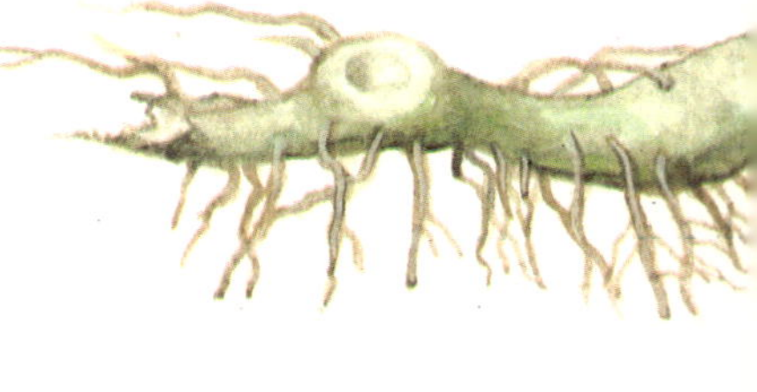

Plante en fleurs : on distingue très bien sur le rhizome les cicatrices des tiges des années précédentes
Détail de la fleur (1)
La coupe du fruit (2) indique bien sa formation, semblable à une petite drupe charnue pourvue en son centre d'un noyau dur

1

Primevère obconique
Primula obconica

Primulacées
Primulaceae

On ne voit guère chez nous cette belle Primevère qu'en pots, sauf dans certains coins privilégiés du Midi, à Monaco par exemple, où elle peut constituer en pleine terre de superbes massifs qui fleurissent tout l'hiver. C'est une plante bisannuelle et vivace, originaire de la Chine méridionale, de 15 à 40 cm de haut, pourvue de feuilles radicales largement pétiolées, cordiformes, oblongues, dentées mais presque entières, et velues. Les fleurs dans le type sont d'un beau violet pâle ou rosé, mais la culture en a varié les coloris presque à l'infini. Elles se présentent en ombelles multiflores. Le calice est tubulaire, mais la corolle est largement étalée avec un limbe aplani de 2 à 4 cm de diamètre.

Cette belle espèce n'est pas toxique en elle-même, mais les poils qui revêtent ses feuilles peuvent chez certaines personnes sensibles provoquer de graves allergies, qui se manifestent par de brûlantes poussées d'eczéma qui sont longtemps restées incompréhensibles. Mais on s'est aperçu que ces poils, comme ceux des orties, peuvent se briser au contact, et laisser échapper un liquide souvent corrosif. De là les accidents que produit cette Primevère, au point que certains horticulteurs ont dû renoncer définitivement à sa culture. Cependant, cette sensibilité n'est pas générale, et le plus souvent elle ne se manifeste pas ou à peine. La Primevère de Chine, à fleurs plus grandes mais moins durables, jouit des mêmes propriétés aussi fâcheuses. Il suffit donc de le savoir et de n'introduire ces plantes dans son appartement qu'en toute connaissance de cause.

1

Primula sinensis (1): la Primevère de Chine se distingue par ses fleurs plus petites de *P. obconica*, et par le fait qu'elle forme deux ou trois ombelles superposées.
Détail des poils (2), plus ou moins vésicants, de l'espèce *P. obconica*

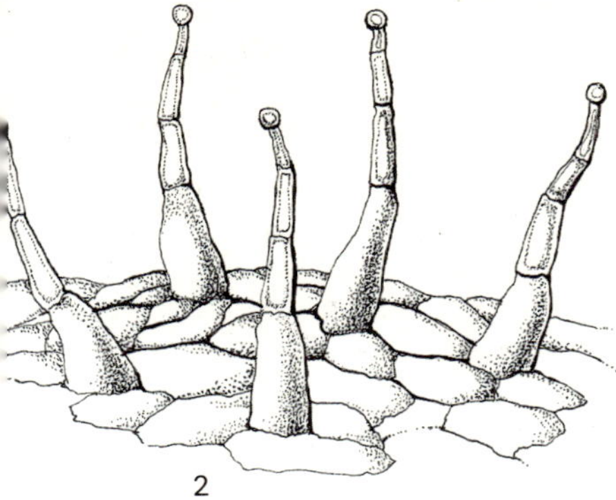
2

Laurier-cerise Rosacées
Prunus laurocerasus *Rosaceae*

Ce bel arbuste n'est pas indigène en France, mais il est très souvent cultivé dans les jardins comme arbuste d'ornement, à cause de ses belles feuilles entières, d'un beau vert brillant, coriaces et persistantes. Dans le Midi, toutefois, il a pu se naturaliser çà et là et on le rencontre au hasard des haies ou au voisinage des habitations d'où il a pu s'échapper. Il atteint de 3 à 6 mètres de haut. Les feuilles coriaces sont luisantes, ovales, terminées en pointe, et bordées de dents espacées. Elles montrent à leur base de 2 à 6 glandes brunes qui exhalent par le froissement une forte odeur d'amande amère. Les fleurs sont petites, blanches, en grappes longues, serrées et dressées. Elles sont suivies par des drupes assez grosses, noires, à la fois ovoïdes et aiguës, et de saveur très âcre.

Les feuilles de cette espèce sont très riches en acide prussique et de ce fait sont toxiques, comme le fait deviner leur odeur puissante d'amande amère. Aucun animal n'y touche. Il n'empêche qu'on peut les utiliser à dose minime pour parfumer les crèmes auxquelles elles donnent une fine saveur d'amande. Mais un excès rendrait la crème si amère qu'elle serait immangeable et probablement dangereuse. Quant aux drupes, leur saveur affreuse suffit à en interdire la consommation. Ajoutons que lorsque l'arbuste est bien fleuri, l'odeur des fleurs est insupportable à beaucoup de personnes, car elle est quelque peu écœurante.

1a

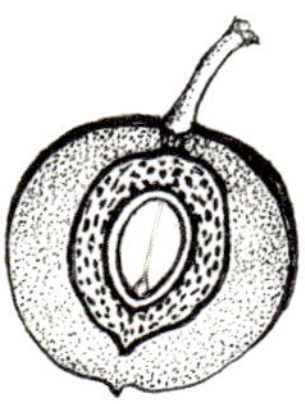

1b

Les baies noires, disposées en longues grappes, sont à la fois très amères et fortement toxiques (1a); coupe d'une baie (1b)
Rameau à fleurs blanches minuscules, assemblées en de longues grappes dressées

Bois puant Rosacées
Prunus (Cerasus) padus *Rosaceae*

C'est un bel arbuste et presque un arbre, de 2 à 6 mètres de haut. Les rameaux sont peu nombreux, et ils répandent une odeur très désagréable quand on les froisse. Les feuilles sont assez grandes, obovales, acuminées, finement dentées par des dents aiguës sur les bords. Elles ne sont pas glanduleuses, contrairement à beaucoup d'autres espèces de cerisiers. Elles sont d'un vert sombre, molles, glabres ou à peine velues en dessous, caduques. Les fleurs blanches se développent en longues grappes très décoratives, et ne paraissent qu'après les feuilles. Ces grappes sont pendantes, cylindriques, feuillées à la base. Elles sont suivies par des drupes globuleuses, du volume d'un pois, et noires à la maturité. Elles sont d'une saveur à la fois âcre et amère.

On ne trouve cette espèce en France que dans les montagnes humides de l'Est et du Centre. Mais elle est commune ailleurs dans toute l'Europe. Elle est souvent cultivée pour sa valeur ornementale, car sa floraison abondante est particulièrement brillante.

Il ne viendrait à personne l'idée de consommer les fruits de ce cerisier, tant leur saveur est désagréable. Elles seraient d'ailleurs dangereuses surtout à cause de l'amande de leur noyau, qui est très riche en acide cyanhydrique. Ce qui n'empêche que les oiseaux en sont friands et semblent insensibles à cette toxine.

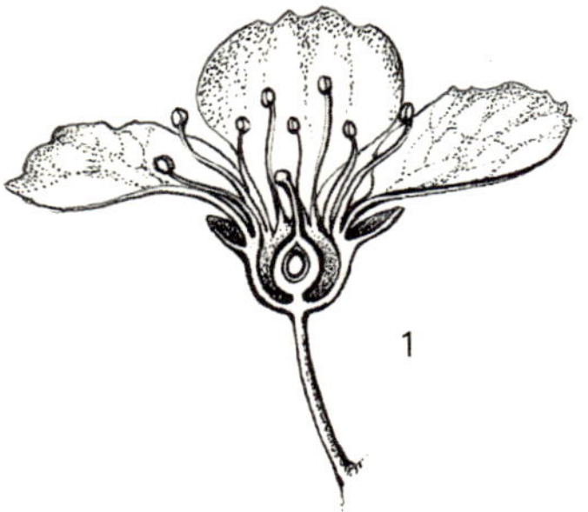

1

Coupe de la fleur (1)
Détail (2a) et coupe (2b) du fruit
Le Bois puant est souvent cultivé comme arbuste d'ornement, car ses longues grappes blanches sont très gracieuses. Mais les fruits sont dangereux, à cause de la dose élevée d'acide cyanhydrique que contiennent les noyaux.

2a
2b

Bouton d'or — Renonculacées
Ranunculus acris — *Ranunculaceae*

C'est une herbe vivace, dont la souche se cache dans le sol après la fructification. On la reconnaît à ses racines horizontales et en bouquet serré. La tige a de 30 à 60 cm de haut. Elle est dressée, creuse, non sillonnée, et porte plusieurs fleurs à son sommet. Les feuilles sont velues, les radicales étant polygonales et palmatiséquées, à quatre ou cinq lobes plus ou moins dentés. Mais les feuilles du haut de la tige sont très minces et presque linéaires. Les fleurs jaune d'or ont de 1 à 2 cm de large, et comportent cinq sépales velus extérieurement. Les carpelles sont glabres, comprimés, pourvus d'un court bec recourbé. Cette plante est très commune dans les prés un peu frais et où le sol manque de chaux. La saveur des tiges et des feuilles est extrêmement âcre, et les bestiaux n'y touchent pas, ou ne le font au printemps que faute de mieux. On reconnaît les vaches qui en ont brouté à l'énorme diarrhée dont elles sont victimes. Elle perd heureusement son âcreté par la dessiccation, et de ce fait elle n'altère pas la qualité du fourrage.

On trouve cette espèce partout, dans toute l'Europe, et surtout au nord. Elle est plus rare dans le Midi. Remarquons en passant que toutes les Renonculacées sont âcres et plus ou moins toxiques. Elles sont toujours le signe d'une prairie appauvrie et d'un sol en mauvais équilibre. Le seul moyen de s'en débarrasser est un labour profond, suivi d'un amendement calcaire et d'une culture de trèfle qui étouffera les Renoncules.

2

1

R. abortivus en fleurs (2)
Détail du fruit (1)
L'illustration montre bien la différence entre les feuilles de la base et celles des tiges, qui sont presque linéaires.

Ficaire Renonculacées
Ranunculus ficaria *Ranunculaceae*

C'est une des plus modestes et aussi une des plus communes de nos innombrables Renoncules. Elle est très printanière, et montre d'abord un bouquet de petites feuilles rondes d'un vert gai et brillant, bientôt suivies de fleurs d'un jaune brillant à 3 sépales et à 10 à 12 pétales. Viennent ensuite les graines sous forme de carpelles en tête globuleuse, renflés et sans bec. Le plus curieux de cette espèce est le fait de son rhizome, qui est formé d'un fascicule de tubercules charnus qui ressemblent à de petites figues (d'où le nom vulgaire de l'espèce). Après la floraison, les fleurs comme les feuilles disparaissent, et seuls demeurent dans le sol ces tubercules qui se séparent bientôt et multiplient l'espèce avec une rapidité déconcertante. Ce qui fait que dans les jardins qu'envahit cette Ficaire, elle devient un fléau dont il est très difficile de se débarrasser.

Comme toutes les Renoncules, celle-ci est toxique. Mais moins que beaucoup d'autres, puisque dans l'est de la France, on consomme couramment sous le nom de «rondelotte» ses très jeunes feuilles au printemps, car alors elles sont simplement amères comme le cresson de fontaine, qu'elles peuvent remplacer. Plus tard, une fois adultes, elles sont si âcres qu'elles deviennent immangeables. De plus, on dit que lors des famines d'autrefois, on faisait bouillir longuement les petits tubercules pour les dépouiller de leur âcreté, et on les mélangeait alors avec la farine pour en augmenter le volume.

2

Fleur d'*Eranthis hyemalis* (2). C'est une toute petite Renonculacée qui fleurit dès le mois de février, avec une seule tige très courte, surmontée d'une collerette de feuilles au centre de laquelle éclôt un «Bouton d'or», et toute la plante disparaît très vite après la floraison.
Détail du fruit (1a) et coupe (1b)
Ranunculus ficaria en fleurs

1a
1b

Renoncule rampante, Pied de poule
Ranunculus repens

Renonculacées
Ranunculaceae

Cette espèce est aussi toxique que la précédente, et elle est encore plus redoutable à cause de sa nature envahissante. En effet, sa souche vivace ne se contente pas de se maintenir telle quelle dans le sol, mais elle émet sans cesse des rejets rampants qui vont prendre racine un peu plus loin et donner naissance à de nouveaux pieds. Extérieurement, elle ressemble à tous les «Boutons d'or» qui infestent les prairies, et il faut considérer de près la souche pour en apercevoir les rejets si on veut se convaincre de son identité. Car ses feuilles et ses fleurs ressemblent tellement à celles de l'espèce précédente que sans y faire attention, il est permis de les prendre l'une pour l'autre.

Un autre inconvénient de cette espèce, est qu'elle ne se contente pas d'envahir les prairies, mais elle est très capable de s'installer dans les jardins si on ne les surveille pas de près, et il lui faut très peu de temps pour former des touffes imposantes qui fleurissent à qui mieux mieux, et qui par-dessus le marché forment des centaines de graines capables d'aller germer aux environs. Elle a les mêmes propriétés maléfiques. La toxine responsable chez toutes ces Renoncules est une protoanémonine, qu'on retrouve aussi chez la plupart des Anémones, qui sont toutes également suspectes.

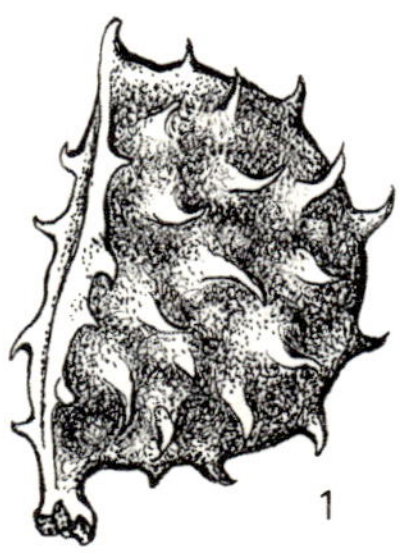
1

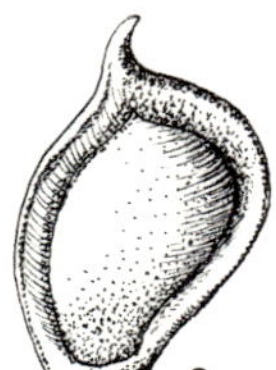
2

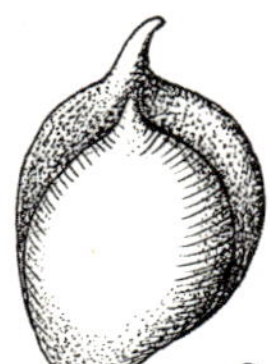
3

Comparaison des fruits — akènes — de *R. arvensis* (1), *R. bulbosus* (2), *R. repens* (3)

Ranunculus repens en fleurs
Les graines de cette espèce sont caractéristiques. Cette Renoncule fait le désespoir des cultivateurs à cause de sa nature envahissante et de la difficulté de sa destruction.

Nerprun purgatif | Rhamnacées
Rhamnus cathartica | *Rhamnaceae*

Cet arbrisseau de 2 à 5 mètres de haut présente des rameaux opposés; épineux, d'un brun noirâtre, et velus dans leur jeunesse. Les feuilles sont caduques, larges de 2 à 3 cm, ovales ou elliptiques, pourvues de chaque côté de la nervure médiane de 3 ou 4 nervures convergentes tout à fait caractéristiques. Les fleurs sont dioïques, jaunâtres, se présentant en faisceaux bien fournis, et d'odeur peu agréable. Les fruits qui suivent les fleurs sont des drupes noirâtres, contenant des graines ovoïdes. Cette espèce est très commune, aussi bien en plaine qu'en montagne, et surtout dans les haies et dans les friches où elle forme souvent des buissons épais et difficiles à franchir à cause de leurs épines.

Les baies ont été longtemps utilisées en pharmacie comme purgatifs, mais leur effet est si violent qu'il vaut mieux s'en abstenir complètement. D'autre part, avant l'usage des colorants dérivés de l'aniline, on extrayait de ses graines deux teintures, l'une jaune et l'autre verte, qui ont longtemps servi à teindre les tissus, car ce sont des couleurs qui «tiennent» et ne passent ni au lavage ni au soleil. On dit que certains peintres s'en servent encore pour obtenir des coloris rares que la chimie ne peut leur fournir.

2

Rameau d'une espèce voisine *Rhamnus frangula* (2)
Détail du fruit: drupe noire à quatre noyaux (1)
Rameau en fleurs

Rosage, Laurier rose des Alpes — Ericacées
Rhododendron ferrugineum — *Ericaceae*

Tous les alpinistes auront vu çà et là dans nos montagnes les tapis extraordinaires que peuvent former là où ils se plaisent les Rhododendrons. Ils s'étalent en tapis faits de tiges souples, tortueuses, plus ou moins rampantes, qui ne se redressent qu'à leurs extrémités. Comme ces tiges sont parfaitement lisses, franchir ces buissons est une épreuve souvent pénible, car ils n'offrent aucune prise à la marche. Ces tiges sont terminées par des feuilles allongées, vertes en dessus, coriaces, persistantes, et couvertes en dessous par une sorte de rouille qui a valu à la plante son nom latin. Les fleurs sont très belles, en bouquets de 5 à 8 fleurs disposées en ombelles, avec un calice très petit. La corolle est glabre, quoique tachée de rouille à l'extérieur. La capsule qui suit les fleurs est oblongue, et les graines sont minuscules.

Cette plante est très toxique, et les bêtes n'y touchent jamais. Pour l'homme, elle ne présente pas d'autre danger que de provoquer de vives irritations quand on veut à toute force en déchirer les tiges qui sont très résistantes. Leur sève est de la même nature que celle du Bois-joli. On dit aussi que le nectar récolté sur ces fleurs par les abeilles peut donner un miel enivrant, comme c'est le cas pour divers autres Rhododendrons exotiques. Car si ce genre n'est représenté chez nous que par deux espèces modestes, dans les montagnes d'Asie il en est qui sont de vrais arbres et qui ont été acclimatées dans nos jardins où leur seule exigence est la terre dite «de bruyère», vu que ce sont des plantes absolument calcifuges qui exigent un terrain de pH 4 ou 5 au plus.

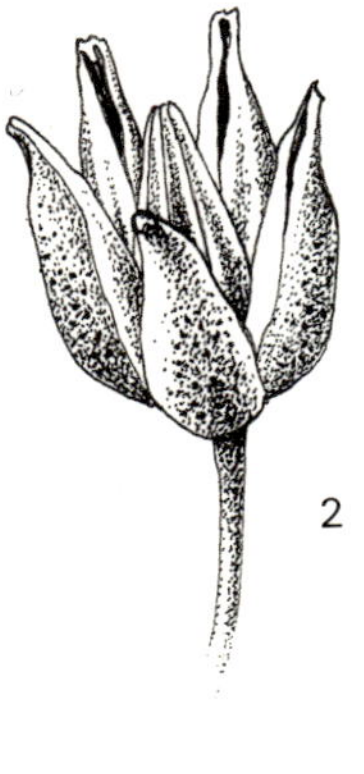

2

Détail du fruit (2) et coupe de la fleur (1)
Taxon voisin, *Kalmia latifolia* en fleurs (3)
Au centre : Rhododendron des Alpes, en haut : Azalée du Japon

1
3

Ricin
Ricinus communis

Euphorbiacées
Euphorbiaceae

Sous nos climats, le Ricin est cultivé à titre d'ornement comme une plante annuelle, car il est capable d'atteindre de deux à trois mètres de haut dans une année de végétation. Sous les climats plus chauds, il devient un arbre véritable et peut vivre très longtemps. Sa tige est droite, fistuleuse, craquante, verte et glabre, parfois marbrée de rouge. Les feuilles très larges sont palmées et lobées, chaque lobe se terminant en pointe. Les fleurs unisexuées sont groupées en racèmes serrés au sommet des tiges. Les fleurs femelles se trouvent en haut de la grappe, et les mâles en bas. Le fruit est une capsule ronde et épineuse, qui contient trois graines aussi grosses que les plus gros haricots.

Tout le monde connaît l'usage de l'huile de ricin comme purgatif. Mais si cette huile n'est pas toxique, il en va tout autrement de la pulpe de la graine, qui contient une substance très dangereuse, la ricine, qui a la propriété de contracter les fibres musculaires, de la cyanine, de l'acide cyanhydrique, toutes substances qui agglutinent les globules rouges, provoquant des lésions intestinales, en même temps qu'une dégénérescence du foie et des reins. La toxicité de ces graines est telle que la dose de 16 graines est mortelle pour un homme. Les accidents sont surtout dus à la consommation par des animaux des tourteaux résiduels après l'extraction de l'huile. Il faut donc les détruire au plus tôt pour éviter des catastrophes.

2

1

Le Ricin porte à la fois des fleurs mâles (1) et femelles (2), les voici figurées l'une et l'autre : la femelle avec son ovaire et ses pistils, et la mâle avec son bouquet d'étamines.
Capsules épineuses (3a), capsules sans épines (3b)
Graines (4)
Rameau avec fleurs femelles et mâles, aux feuilles caractéristiques

4
3a
3b

Rue à odeur forte
Ruta graveolens

Rutacées
Rutaceae

La Rue est une plante herbacée ou quelque peu ligneuse à la base, qui forme sur le sol de petits buissons largement étalés. Elle peut atteindre de 40 à 80 cm de haut. Le feuillage est de couleur glauque et glabre. Les feuilles sont de forme triangulaire, divisées en trois folioles et presque sans pétioles. Les fleurs sont groupées en corymbes. Elles sont faites de 4 ou 5 sépales et d'autant de pétales soudés à leur base, assez larges, d'un jaune verdâtre. Le fruit est une capsule à surface verruqueuse. Les graines sont noirâtres et à surface tuberculeuse.

C'est une plante d'origine méditerranéenne, surtout abondante dans le Midi et en Corse, mais qu'on trouve çà et là dans les pierrailles, et souvent dans les fentes des vieux murs. Elle est souvent échappée de cultures anciennes.

L'odeur de toute la plante est très particulière, et selon les goûts, elle peut être trouvée suave ou insupportable. La médecine populaire l'utilisait comme excitante, vermifuge, sudorifique et insecticide. Mais elle a aussi des propriétés abortives, qui en ont fait longtemps interdire la culture. Elle contient en effet plusieurs substances toxiques du groupe des furano-coumarines, et dont les effets ne sont pas tous connus. En tous cas prise en infusions fortes, elle peut provoquer une énorme salivation, une gastro-entérite violente, une néphrite profonde, et aussi des avortements. Ce n'est donc pas une plante de tout repos et il est bon d'en connaître les risques. Il semble bien d'ailleurs que son usage médicinal soit à peu près abandonné.

2

Détails des fleurs : fleur à cinq pétales (1a); les autres à quatre pétales (1b)
Les fleurs de la Rue ne sont pas très décoratives, mais vues de près et bien examinées, elles présentent une dispositition symétrique très curieuse.
Fruit de *Ruta graveolens* (2)
Plante fleurie avec des feuilles vert-bleu et des fleurs jaune d'or ou jaune-vert

1a
1b

Scopole de Carniole — Solanacées
Scopolia carniolica — *Solanaceae*

Cette plante n'est pas signalée en France, mais elle est commune en Europe centrale, où elle se plaît dans les endroits marécageux et surtout autour des tourbières. C'est une Solanacée vivace, sortant d'un gros rhizome charnu, et dont la tige peut atteindre 80 cm de haut. Les feuilles de la base sont réduites à de simples écailles, tandis que celles du haut sont pétiolées, ovales et elliptiques. Les fleurs sont solitaires, axillaires, penchées, avec une corolle blanchâtre en forme de clochette allongée, souvent teintée de violet à l'extérieur. Le fruit est une capsule globuleuse, qui reste enveloppée par les restes du calice.

Comme la plupart des plantes de cette famille, celle-ci contient diverses toxines, dê l'hyoscinamine, de l'atropine, de la scopolamine et d'autres encore en moindre quantité. Elle fait donc partie de ces végétaux plus que suspects et qu'il est bon de connaître pour pouvoir s'en méfier à temps.

1

2
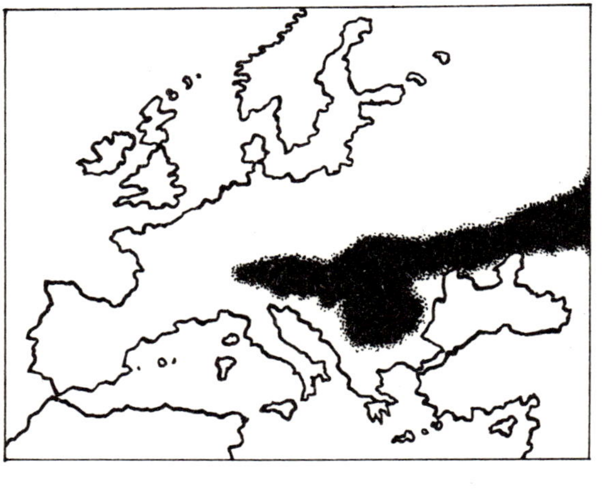

Pot ancien à pharmacie pour conserver des extraits de *Scopolia carniolica* (1)
Aire de distribution de *Scopolia carniolica* : carte (2)
Rameau avec des fleurs en cloche; rhizome de *Scopolia* avec racines

Sédum brûlant, Vermiculaire
Sedum acre

Crassulacées
Crassulaceae

C'est le plus commun de tous les Sédums qui viennent en France. On le trouve partout, sur les vieux murs, sur les toits, les rochers et les lieux pierreux. C'est une plante vivace, de 4 à 8 cm de haut, glabre, verte, formant un gazon épais et serré. La saveur des feuilles est extrêmement piquante. La souche grêle émet de nombreux rejets stériles à feuilles très serrées. Les tiges sont ascendantes, pourvues de racines à la base. Sur ces tiges, les feuilles sont plus éparses et très courtes, de 3 mm au plus, elles sont ovoïdes, triangulaires, obtuses et sans pétiole. Les fleurs sont d'un jaune éclatant, très serrées et durables, venant par 2 ou 5 sur chacun des petits épis rapprochés en petits corymbes. Les pétales sont étalés, plus longs que le calice. Les carpelles sont divergents et bossus à la base interne. Les graines sont minuscules.

Cette plante est d'une telle âcreté qu'il ne saurait être question de la consommer sous quelque forme que ce soit. Mais ce fut un remède populaire et de grand usage. On se servait du jus extrait des feuilles charnues pour déterger les plaies, et il est probable que son âcreté même avait des vertus cicatrisantes. On se servait de ce même extrait pour amollir les durillons, comme on le fait encore avec les feuilles de la Joubarbe, qui est une espèce du même genre.

On peut remarquer que cette espèce, comme les autres Sédums, est adaptée aux milieux les plus arides, car elle est capable de supporter les plus longues sécheresses sans en souffrir, pour reprendre sa végétation normale à la première pluie. Elle ne manque pas non plus d'intérêt décoratif au moment de sa brillante floraison.

1

Détail d'une fleur du Sédum brûlant (1). Ces fleurs sont petites, mais très nombreuses et très durables, si bien que la plante en fleurs offre un tapis doré du plus bel effet.
Sedum acre en fleurs

Jacobée — Composacées
Senecio jacobaea — *Compositae*

Cette grande plante vivace peut atteindre de 60 à 80 cm de haut. La souche est courte, tronquée et très fibreuse. La tige est droite, rameuse au sommet, tantôt glabre et tantôt plus ou moins velue. Les feuilles sont glabres, de forme oblongue, mais profondément divisées en segments dentés. Celles de la base sont pétiolées et en forme de lyre, mais celles du haut sont sessiles et pourvues d'oreillettes embrassantes. Les capitules forment une ombelle corymbiforme et le nombre de leurs ligules est très variable.

Cette Jacobée est très commune, surtout dans les haies, dans les terrains vagues, dans les bois clairs et sur les lisières. Elle ne présente aucun danger pour l'homme, mais les bestiaux qui par hasard en broutent, et surtout les ruminants, peuvent présenter de graves symptômes. Le principe toxique est la jacobine, accompagnée de quelques substances voisines. L'empoisonnement se manifeste par de l'inappétence, un affaiblissement progressif, une décoloration des muqueuses, de l'ictère, de la constipation et des coliques. En cas de consommation massive, la mort peut survenir au bout de quelques jours.

Le *Senecio vulgaris,* si commun comme mauvaise herbe dans les jardins, jouit des mêmes propriétés suspectes. On évitera donc de le donner en pâture aux lapins et même aux poules qui sont friandes de toutes les verdures.

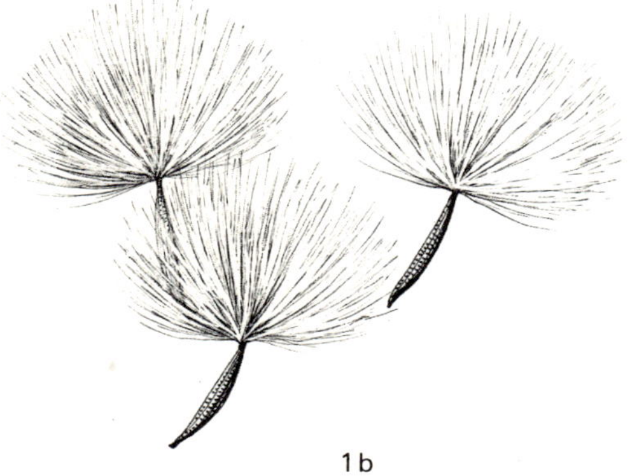

1 b

1 a

Les graines de Séneçon Jacobée comme beaucoup d'autres de la même famille se présentent en boule hérissée d'aigrettes (1a et 1b) qui sont de véritables parachutes et assurent leur dissémination par le vent.
Plante en fleurs

Douce-amère Solanacées
Solanum dulcamara *Solanaceae*

La Douce-amère est une plante vivace qui naît d'une grosse racine charnue et ramifiée. La tige qui peut atteindre de 1,5 à 2 mètres est d'abord herbacée, puis ligneuse, et elle est capable de grimper dans les buissons avoisinants. L'écorce est de couleur cendrée. Les feuilles sont ovales, celles du haut étant trilobées et celles de la base simples. Les fleurs sont groupées en bouquets de 10 à 25 ensemble. Elles sont de forme étoilée, violettes. Les baies qui leur succèdent sont allongées, rouges, et contiennent plusieurs graines réniformes. On trouve cette plante çà et là un peu partout, dans les haies, dans les bois clairs, dans les pierrailles, au bord des ruisseaux, aussi bien en plaine qu'en montagne. Elle est parfois cultivée comme plante d'ornement, car sa floraison est gracieuse, et ses nombreuses baies rouges sont d'un joli effet en automne. Mais comme les oiseaux en sont friands, les graines se retrouvent un peu partout, et il arrive que cette Douce-amère devienne envahissante.

Comme toutes les Solanacées, elle est toxique dans toutes ses parties du fait de la solanine qu'elle contient, et surtout dans ses baies. Son action se porte sur les centres nerveux, mais en même temps elle peut se porter sur l'estomac où elle provoque des lésions, et à doses massives elle peut provoquer une dégénérescence des globules rouges. Toutefois, on utilise couramment l'infusion légère de ses tiges (dont la saveur est à la fois sucrée et amère) comme étant dépurative. Mais la médecine moderne ne croyant plus aux dépuratifs, cet usage semble abandonné aujourd'hui.

Les racines ici représentées (1) de la Douce-amère sont d'une vitalité extrême. Il suffit qu'il en reste un fragment dans le sol pour que la plante repousse après son arrachage.
Plante avec baies et feuilles

1

Strophante velu — Apocynacées
Strophantus hispidus — *Apocynaceae*

Cette espèce appartient à une série d'Apocynacées presque toutes également dangereuses, dont l'habitat est l'Afrique équatoriale. Celle-ci se reconnaît surtout à ses graines qui portent à leur sommet un plumet léger qui leur permet de se disséminer au loin grâce au vent qui les emporte. Ces graines sont connues depuis toujours par les Africains qui les pulvérisent et en font une pâte dont ils enduisent les pointes de leurs flèches. L'animal atteint par ces flèches subit en fait une injection du poison, et selon la dose tombe paralysé plus ou moins vite.

La médecine a extrait ce poison, et l'a étudié de fort près. On s'est avisé qu'à très faibles doses il pouvait être utile dans le traitement de certaines affections cardiaques. Mais de toute évidence les substances en cause sont trop dangereuses pour que le profane puisse s'en mêler, et il faut en laisser l'usage aux spécialistes qui en sont les seuls juges.

Strophantus hispidus en fleurs
Fleur de *S. hispidus* (1)
Graine (2)
On remarquera que les Apocynacées exotiques sont toutes toxiques à des degrés divers, et dans cette famille suspecte, seule notre modeste Pervenche est à peu près inoffensive.

1
2

Noix vomique — Loganiacées
Strychnos nux-vomica — *Loganiaceae*

Le genre Strychnos comprend plusieurs espèces toutes également dangereuses. La Noix vomique est la plus connue, car elle a été depuis très longtemps repérée par les voyageurs africains qui en ont constaté sur place les effets. En effet, l'absorption de ses graines est régulièrement suivie de mort, car la strychnine agit violemment sur le cœur dont elle dérègle complètement le fonctionnement normal. Aussi ces graines étaient-elles considérées à la fois comme un poison de flèches pour la chasse, mais aussi comme un poison d'épreuve et de guerre.

Il n'empêche que la strychnine administrée à dose très faible est un excitant qui peut rendre service dans les cas graves de dépression. La légende rapporte que le fameux Dr Morell, qui soignait Hitler, lui administrait pour le soutenir des remèdes dont la strychnine était un des composants, et c'est à l'abus de cette drogue que certains attribuent les colères furieuses dont le Führer donnait trop souvent le spectacle terrifiant. Et c'est évidemment une de ces plantes qu'on n'a aucune chance de rencontrer en Europe, son aire étant exclusivement tropicale.

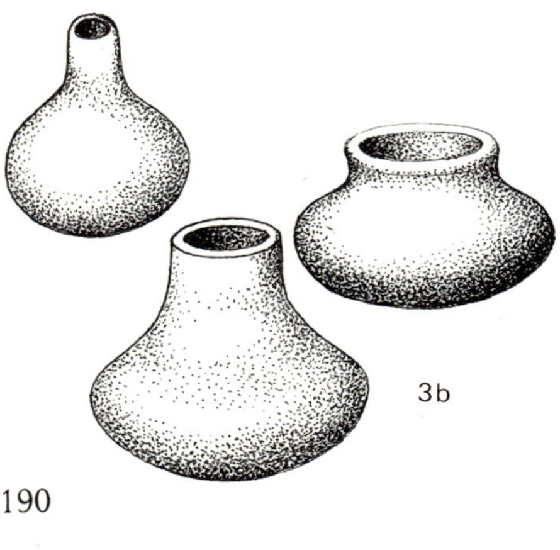

3b

Exemples de pots destinés à la conservation du poison extrait de la Noix vomique (3a, 3b)
Coupes d'une baie (1b) et de graines (2)
Rameau avec fleurs et feuilles
Fruit : baie orange ronde (1a)

1b
2
3a
1a

If
Taxus baccata

Taxacées
Taxaceae

L'If est un conifère tout à fait archaïque, dont l'existence est attestée depuis la plus haute antiquité. On le trouve çà et là en France, surtout autour des ruines des vieux châteaux féodaux, où on le cultivait à cause de son bois élastique et imputrescible, incomparable pour la fabrication des arcs. Il se présente comme un arbre ou un arbrisseau touffu, au feuillage d'un vert noirâtre et persistant, qui en a fait un symbole d'immortalité et le fait encore planter dans les cimetières. La plante est dioïque, c'est-à-dire qu'elle comprend des fleurs mâles et des fleurs femelles. Les fleurs mâles consistent en un bouquet d'étamines, et les femelles sont formées d'un axe court qui donnera une graine, enveloppée d'une bractée qui devient charnue et rouge à la maturité.

Toute la plante est extrêmement toxique. Il suffit de quelques grammes de son feuillage pour faire périr un cheval, cet animal y étant particulièrement sensible. Il faut donc prendre garde à ne pas laisser les animaux à la portée d'une haie de ces arbres, car ils en sont friands. Curieusement, si la «graine» est sévèrement toxique, son enveloppe charnue est tout à fait comestible, charnue, sucrée et d'un goût très agréable. On peut donc la consommer à condition d'en rejeter soigneusement le noyau, qui est très dangereux.

Le poison de cet arbre est la taxine, qui paralyse le système nerveux et dont les effets narcotiques sont analogues à ceux de la morphine, et tout aussi pernicieux.

Comme cet arbre (qui peut atteindre des âges prodigieux) est en voie de disparition, dans beaucoup de régions il est protégé et sa récolte est interdite.

1

2

Fleurs mâles de l'If (1). Le fruit représenté ci-dessus (2) montre bien son enveloppe charnue, de saveur douce et agréable, tout à fait comestible, alors que le noyau est sévèrement toxique.
Rameau de *Taxus baccata* avec des graines mûrissantes

Poison sumac Anacardiacées
Quercus toxicodendron
syn. *Toxicodendron quercifolium* *Anacardiaceae*

Il s'agit d'un arbre américain dont les feuilles ressemblent à celles du chêne, et qui est très commun dans les forêts des Etats-Unis. On ne le voit en Europe que dans les jardins botaniques où il est cultivé à titre de curiosité, et généralement entouré d'un grillage protecteur pour éviter aux imprudents de s'y frotter. En effet, les feuilles de cet arbre sont hérissées de poils très fins qui inoculent le poison par simple contact. Il s'est trouvé que ce poison est fait de «molécules à chaîne latérale insaturée». A la suite de ce contact, on constate des papules et des cloques, comme celles d'une brûlure. Quand ce contact a été bref et de hasard, on est prévenu de son origine et il suffit ensuite de prendre garde, et la dermite primitive s'atténue rapidement. Mais il arrive aussi que ce contact puisse être indirect, soit à cause de vêtements imprégnés de ces poils, soit en caressant des chiens qui en portent sur leur toison. Dans ce cas, on ne soupçonne pas l'origine de cette infection, et elle peut durer des semaines en s'aggravant sans cesse. Elle s'accompagne alors d'œdèmes, et d'eczéma, de soif, de conjonctivite aiguë, de spasmes bronchiques, et si on transporte sans le savoir de ce poison sous ses ongles, seuls de soigneux lavages à l'alcool peuvent en venir à bout. Cet arbre présente en Amérique un tel danger qu'il existe là-bas une liste de près d'un millier de recettes pour en soigner les effets! Par comparaison, nos orties les plus brûlantes sont une plaisanterie.

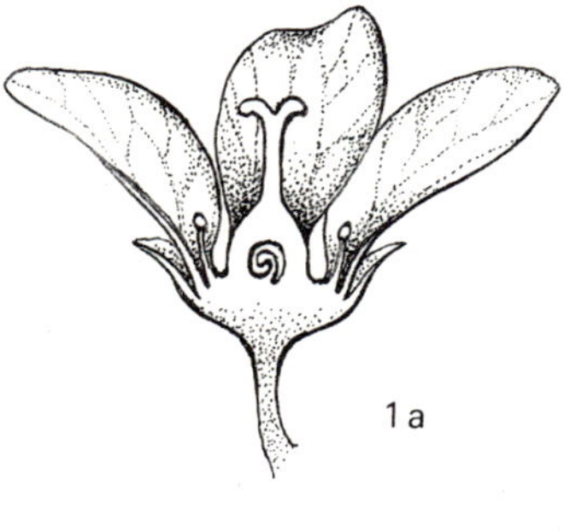

1 a

2

1 b

Rameau de Toxicodendron : de la branche brisée s'écoule un jus laiteux (2)
Fleurs (1a, 1b)
Rameau en fleurs ; panicules de fleurs à l'aisselle des feuilles
Il est heureux que cette espèce n'existe pas en Europe, car elle rend certaines forêts américaines presque inexplorables.

Trolle, Boule d'or — Renonculacées

Trollius europaeus — *Ranunculaceae*

C'est une des plus belles Renonculacées de nos climats. Le Trolle est une herbe vivace à souche fibreuse, d'où sort une tige de 20 à 40 cm de haut, dressée, creuse et glabre. Les feuilles d'un vert sombre sont grandes, palmatiséquées, avec des lobes trifides, incisés et dentés. Les fleurs sont tout à fait caractéristiques, car elles sont faites d'une corolle de 10 à 15 pétales qui restent fermés sur eux-mêmes, ce qui fait que la fleur ne s'ouvre jamais et reste absolument globuleuse, d'où son nom vulgaire de Boule d'or. Ces fleurs sont d'un beau jaune pâle, et presque toujours solitaires au sommet de la tige. Les graines sont des follicules nombreux, libres à leur base, et disposés en plusieurs rangs.

On trouve cette belle espèce dans les pâturages de toutes nos montagnes, surtout en terrain humide et frais, où elle forme souvent de superbes tapis. Mais c'est une espèce nordique très rare dans le Midi, sauf en haute altitude.

Comme toutes les Renonculacées, celle-ci est extrêmement âcre et irritante, et aucun animal n'y touche. Elle contient une série de toxines voisines de l'anénonine, comme toutes les espèces voisines, et ses effets sont les mêmes.

On cultive souvent cette espèce dans les jardins de rocaille dont elle est un des plus beaux ornements au mois de mai, qui est celui de sa floraison.

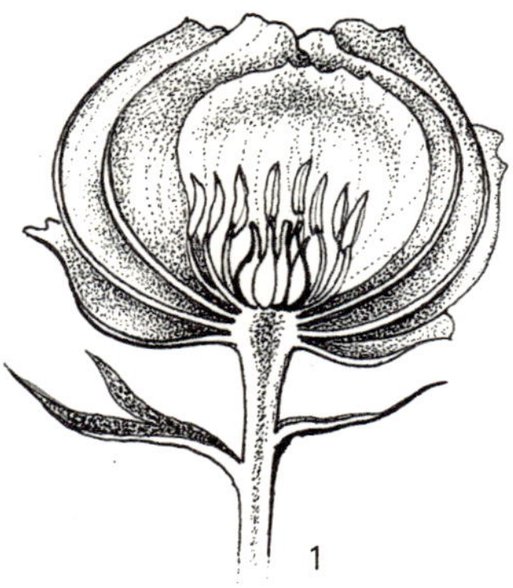

1

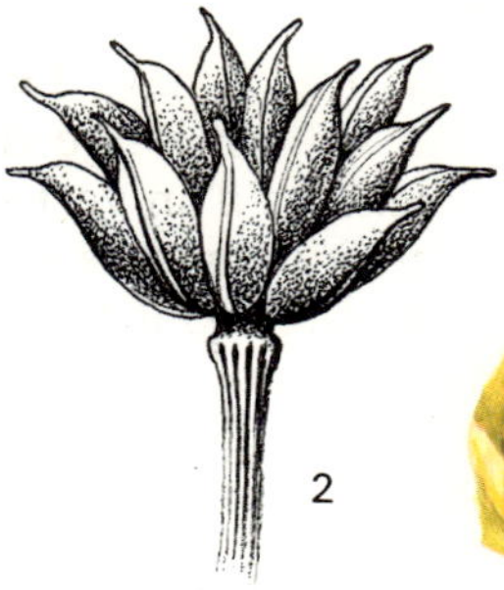

2

Détail de la fleur (1)
Fruit (2), composé de follicules
Plante en fleurs
On peut comparer les Trolles à de grosses Renoncules qui ne s'ouvrent jamais. Leurs boules d'or dans les prairies de montagne sont d'un effet somptueux.

Scille maritime

Urginea maritima

Liliacées
Liliaceae

C'est une Liliacée qu'on ne trouve que sur les bords de la Méditerranée, où on voit en dehors de sa saison affleurer au ras du sol ses énormes bulbes, qui peuvent avoir jusqu'à 20 cm de diamètre. C'est en automne qu'apparaissent les feuilles, qui sont larges, lancéolées, entières et dressées. C'est en août-octobre que se montrent les fleurs sous la forme d'un épi serré de fleurs blanches d'un mètre de haut et davantage. Elles sont très serrées et disposées en spirale. La corolle est blanche, mais veinée de vert à l'extérieur.

C'est une très belle plante, souvent cultivée dans le Midi en pleine terre où elle est parfaitement rustique, et ressemble un peu aux Erémurus. Plus au nord, elle est frileuse et demande l'abri d'une orangerie pour l'hiver.

Elle contient une toxine appelée scillarénine, plus quelques autres voisines. L'action de cette toxine est voisine de celle de la digitaline, mais de plus on en a extrait un remède puissamment diurétique, de maniement dangereux, et qu'on utilise dans les cas graves d'hydropisie ou d'œdèmes qu'il faut à tout prix résorber. En tous cas, c'est une des plantes les plus belles et les plus curieuses de la flore méditerranéenne. On trouve en Corse une espèce très voisine, à fleurs mauves et dont les feuilles sont élégamment ondulées. Elle jouit des même propriétés.

La Scille maritime se trouve sur tout le pourtour de la Méditerranée (2) mais jamais très loin des côtes. En dehors de ses propriétés toxiques et médicamenteuses, c'est une très belle plante d'ornement dont les énormes bulbes à fleur de terre sont toujours un sujet d'étonnement.
Oignon : coupe transversale (1)
Aspect typique de *Urginea maritima*

2

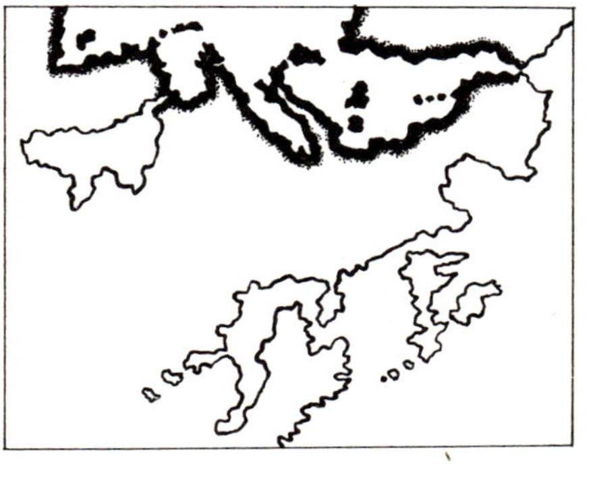

1

Vérâtre blanc Liliacées
Veratrum album *Liliaceae*

Cette grande Liliacée est commune dans les pâturages de toutes nos hautes montagnes. Elle part d'une souche rhizomateuse, en forme de navet, couronnée de racines jaunâtres de 30 cm de long. La tige aérienne a de 1 à 1,50 m de haut, ramifiée dans le haut, ornée de grandes feuilles elliptiques qui embrassent la tige. Les fleurs sont groupées en grappes composées de forme pyramidale. Dans la forme d'Europe occidentale, elles sont blanches, mais verdâtres dans les formes d'Europe centrale. Le fruit est une capsule qui s'ouvre à la maturité. On trouve dans les Alpes du Sud une espèce voisine, le Vérâtre noir, dont les fleurs sont d'un pourpre noirâtre et dont les feuilles sont un peu poilues.

Ce vérâtre est une espèce violemment toxique. Elle contient toute une série d'alcaloïdes. On en a dénombré plus de 18 différents! D'après les expériences, ils sont mortels à la dose de 2 ou 3 centigrammes. Le poison se porte à la fois sur le système digestif et sur la moelle épinière, et finit par provoquer des convulsions et de l'ataxie locomotrice, puis des difficultés respiratoires qui arrivent à asphyxier la victime. Les accidents produits par cette plante sont très rares, régulièrement dus à des imprudents qui ont confondu ses racines avec celles de la Gentiane jaune, qu'on utilise pour fabriquer diverses liqueurs. Si les feuilles des deux espèces se ressemblent, les racines sont complètement différentes, et les fleurs jaunes de la grande Gentiane ne sauraient tromper.

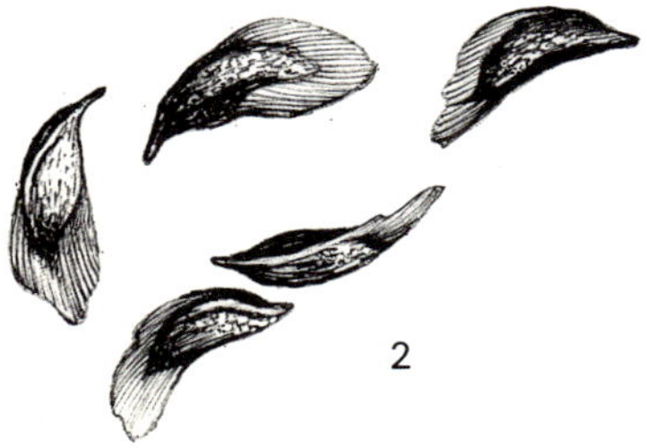

2

Détail du fruit (1)
Graines du Vérâtre blanc (2). On remarquera que, sur la plante représentée page 201, elles sont presque vertes, alors que dans le Jura elles sont d'un blanc pur, et beaucoup plus belles.

1

Petite Pervenche Apocynacées
Vinca minor *Apocynaceae*

C'est une des plus connues parmi les fleurs du printemps. Tout le monde a vu dans les bois au mois d'avril le sol couvert de cette plante faite de tiges rampantes qui s'enracinent de place en place, pourvues de feuilles oblongues et pointues, raides et persistantes. De place en place sortent de ces tiges rampantes des rameaux verticaux, de 10 à 15 cm de haut, qui portent chacun une fleur caractéristique. Elles sont d'un bleu justement dit «de pervenche», solitaires, avec un court calice à lobes très minces et pointus de 2 à 4 mm, trois fois plus courts que le tube de la corolle. Celle-ci a de 2 à 3 cm de large. Elle est faite de cinq lobes obovales en forme de coin, soudés par leur base, et l'ensemble est complètement aplani. Les graines sont contenues dans des follicules très étroits, elles sont étroites et sans aigrettes. Il faut constater que ces graines sont très rares, et que la plupart des fleurs restent stériles. On en cultive dans les jardins une très belle variété à fleurs pourpres, et une autre à feuillage panaché.

Certains considèrent cette pervenche comme toxique. En fait, elle est à peine amère, et ses feuilles font partie de la formule du «Thé suisse», sorte de tisane dépurative tout à fait inoffensive. Il en va autrement des Pervenches exotiques, en particulier de celles de Madagascar, souvent cultivées en pots pour la beauté de leurs fleurs, dont on a tiré plusieurs alcaloïdes dont certains auraient des propriétés anticancéreuses. Mais l'étude de ces plantes est loin d'être terminée.

2

1

Fruit de *Vinca minor* fermé (1), ouvert avec graines (1), graines (2)
Végétation rampante de la Pervenche

Dompte-venin Asclépiadacées

Vincetoxicum hirundinarium (officinale) *Asclepiadaceae*

Le Dompte-venin est une plante vivace, de 30 à 80 cm de haut, un peu velue, à souche rampante. Les tiges sont simples, dressées, quelquefois un peu volubiles quand elles trouvent un support adéquat. Les feuilles sont fermes, courtement pétiolées, ovales ou oblongues et terminées en pointe, un peu cordiformes à la base. Les fleurs sont d'aspect insignifiant, d'un blanc verdâtre, étoilées, en cymes fournies et pédonculées. Les lobes de la corolle sont glabres, et la fleur est suivie de follicules allongés qui contiennent plusieurs graines. C'est une plante très polymorphe, qui peut surtout varier énormément dans ses dimensions, tantôt à peu près naine, et tantôt presque grimpante.

La racine est très épaisse, et contient un suc toxique très irritant. Sa saveur est si horrible qu'elle ne saurait causer d'empoisonnements. Mais dans la médecine populaire d'autrefois, on l'utilisait couramment en frictions contre les rhumatismes dans l'idée que la révulsion qu'elle produisait pouvait soulager les douleurs. Et surtout, son nom de «Dompte-venin» lui était venu de la réputation qu'elle avait de pouvoir, en frictions, détruire les effets des morsures de serpents. Tous ces usages sont aujourd'hui bien oubliés, mais il est possible que la chimie contemporaine, si elle veut s'en occuper de près, puisse y découvrir des substances intéressantes. Ce Dompte-venin fait partie de ces plantes à réputation magique dont le nom seul conserve la trace.

Détail de la fleur (1)
Détail du fruit (2)
Plante en fleurs
Cette famille des Asclépiadacées (dédiée à Esculape) comprend surtout des plantes exotiques, presque toutes toxiques, mais aussi des légumes tropicaux de grand usage, comme les ignames.

1
2

Gui Loranthacées

Viscum album *Loranthaceae*

Le Gui est un arbuste semi-parasite. On le dit seulement à moitié parasite parce qu'il est capable, malgré son parasitisme, d'assimilation chlorophyllienne, ce qui n'est pas le cas de la Cuscute, par exemple, qui est un parasite absolu. Il forme sur les branches des arbres sur lesquels il s'implante des «boules» qui peuvent atteindre de 30 à 50 cm de large. La tige se divise constamment en deux, puis en quatre et ainsi de suite. Elle est articulée, avec des nœuds facilement cassants, cylindrique, et verte. Les feuilles sont persistantes, ovales lancéolées, entières, avec les nervures parallèles, souvent un peu tordues. Les fleurs qui se montrent dès le printemps ont un périanthe simple. Les mâles ont quatre étamines pourvues de longs filaments et les femelles ont un gros stigmate qui se transforme en une baie blanchâtre et transparente en automne.

Le Gui vit sur presque tous les arbres, avec une préférence pour les pommiers et les peupliers, mais aussi sur les conifères et les robiniers. On croit maintenant que chaque arbre possède sa race particulière de gui.

Le Gui est dangereux parce qu'il épuise les arbres en en tirant la sève, et les pommiers en meurent souvent. On tire de son écorce, par macération, la glu que rien ne saurait remplacer. Mais il contient aussi une viscotoxine qui peut chez l'homme provoquer une modification de la tension artérielle, du rythme cardiaque et par excès une perte de la sensibilité et un commencement de paralysie.

Le Gui était vénéré par les Gaulois comme symbole d'immortalité, et surtout celui du chêne, sans doute parce qu'il est d'une extrême rareté.

2

3

Détails des fleurs mâles (2) et femelles (3)
Développement du Gui blanc parasite (1): on voit ici la façon dont les racines de ce parasite s'insèrent entre l'écorce et le bois de son hôte.
Rameau de Gui blanc

1

Les usages favorables des poisons organiques

Toutefois, ces plantes dangereuses quand on les utilise sans savoir et par imprudence, fournissent très souvent à la pharmacopée, quand on sait en retirer les extraits nécessaires et les doser, des remèdes de premier ordre. Les exemples sont innombrables. Ainsi la colchicine qui est mortelle à la dose d'un milligramme par kilo de matière vivante, prise à dose infime, est un remède souverain contre la goutte, maladie qui grâce à elle est en voie de disparition, après avoir fait endurer le martyre à des générations. De même, si la Digitale est un poison mortel, la digitaline peut remédier à certaines insuffisances cardiaques, pour lesquelles elle est irremplaçable. On tire des baies du gui, qui sont toxiques, un remède efficace contre la coqueluche. Si les feuilles de coca sont dangereuses, la cocaïne n'est pas seulement une drogue pour individus pervers, mais elle entre dans la composition d'analgésiques locaux, qui nous permettent de nous faire arracher une dent sans hurler.

Faut-il avoir peur de tout?

Un tableau aussi noir aurait de quoi épouvanter le promeneur qui ne se doute pas de tous les poisons qu'il côtoie dans une simple promenade à la campagne. En réalité, la simple prudence est suffisante pour se prémunir contre les dangers de la végétation qui nous entoure. Il faut d'abord savoir que la Nature n'est pas toujours aussi aimable que le veut une certaine littérature, qui la représente comme uniformément bienfaisante et paisible. Vous flânez dans une forêt, et les chênes que vous voyez si majestueux ou les hêtres à l'ombre épaisse sont un symbole de paix et d'éternité. En fait, les feuilles du chêne comme les glands sont un poison virulent, et les faînes provoquent une ivresse très désagréable. Les fruits du fusain sont toxiques, et si bien que réduits en poudre, ils donnent un produit anti-poux très efficace, encore utilisé dans nos campagnes. Les baies du troène sont vomitives comme celles du sureau. Ne parlons pas de celles de la Belladone, qui sont de loin les plus sévères. Celles de l'obier, du houx, du gui, du bois-joli, malgré leurs belles couleurs, provoquent de graves accidents chez les enfants qui y mordent par curiosité. Un brin de muguet qu'on met dans la bouche provoque des brûlures insupportables, et son odeur quand elle est trop concentrée peut provoquer un sommeil dont on ne se réveille pas toujours. On connaît des cas de suicide au muguet en fleur qui sont peut-être romantiques, mais quand même à éviter.

Toutefois, quand on sait qu'il ne faut jamais consommer n'importe quoi, on peut se promener en toute sécurité. D'ailleurs, si les empoisonnements par bulbes de narcisses ou de colchiques sont à peu près inconnus, c'est parce que la saveur de ces produits de la nature est si horrible que personne ne saurait les avaler.

On peut alors se demander à quoi a songé la Nature en pourvoyant tous ces végétaux de substances aussi extravagantes. Il y a deux explications possibles. Ou bien c'est par hasard, et les plantes vénéneuses ont pour elles de se défendre ainsi contre tous les prédateurs possibles. On n'a jamais vu un animal s'attaquer à la Digitale ou à la Jusquiame. Et c'est pourquoi ces plantes et leurs analogues ont subsisté et se maintiennent dans leur milieu. Il faudrait alors supposer que d'autres plantes sans défense ont depuis longtemps disparu. Dans les climats désertiques, les plantes ne peuvent subsister que si elles sont armées d'épines décourageantes comme les cactus, ou bien si elles sont nues, elles se défendent par les poisons qu'elles recèlent, ou par leur odeur, ou par leur saveur intolérable. Les plantes ne sont pas „gentilles", et leur seul but (si elles en ont un) est de vivre et de se reproduire au mieux. Une prairie ou une forêt donnent au citadin le sentiment d'une tranquillité parfaite. Il n'en est rien. Les plantes luttent entre elles avec la même férocité que les animaux. Chacune s'efforce d'occuper le plus d'espace possible, et elle n'hésite pas à tuer ses voisines pour avoir un peu plus de lumière. Pour qu'une forêt de hêtres arrive à ses fins, il a fallu que les hêtres par leur ombre absolue tuent tous les autres arbres qui essayaient de leur faire concurrence, et une hêtraie pure est le témoin d'un combat qui a pu durer un siècle. De même, une forêt d'épicéas forme avec le temps un terreau tellement acide qu'aucune autre espèce ne peut y subsister.

Les plantes ont une morale et une politique qui peut se résumer dans cette maxime féroce : «Ôte-toi de là que je m'y mette».

Pour y arriver, les plantes se défendent comme elles peuvent par leurs armes ou leurs poisons à la fois contre les animaux, les insectes, les hommes, et contre leurs congénères.

Il ne faut pas non plus avoir peur de nos plantes d'appartement. La plupart sont toxiques, et certaines violemment. Ainsi si vous avez l'imprudence de mettre dans votre bouche un fragment de tige de Diffenbachia, aussitôt vous sentirez une brûlure horrible, et votre langue pélera, tandis que votre arrière-gorge enflera et rendra votre respiration presque impossible. Mais qui aurait l'idée saugrenue de goûter à ce feuillage? Il en irait de même avec nos philodendrons, avec nos cyclamens, avec nos bégonias, avec nos impatiens. Et combien d'eczémas inexplicables sont-ils dus au frottement de nos primevères de Chine ou coniques ? Il faut seulement prendre garde que les enfants, curieux de tout, n'aillent faire des expériences. On cite des cas de gens un peu éméchés qui avaient mélangé les pétales des tulipes qui ornaient leur table avec les feuilles de leur salade. Les vomissements dont ils ont été pris aussitôt leur ont vite fait comprendre leur erreur.

Il ne faut pas oublier non plus, parmi les dangers que peuvent faire courir les plantes, les allergies provoquées chez certaines personnes sensibles, par les pollens de telle ou telle espèce. Le „rhume des foins" longtemps inexpliqué n'a pas d'autre origine. Au moment où les graminées des prés sont en fleur, elles émettent une quantité prodigieuse de pollen dont l'atmosphère véhicule des millions de grains par mètre cube. Ces grains se déposent dans les voies respiratoires, et tel individu peut être sensible au pollen du Dactyle pelotonné, ou à celui de l'orge, ou du blé, ou des Bouleaux. D'autres personnes seront réellement intoxiquées par le duvet qui s'échappe des peupliers à la fin du printemps sous forme de petits nuages impalpables. Et c'est au médecin quand il le peut de déterminer quel est le pollen responsable. Dans le Midi, c'est le plus souvent à la floraison des mimosas que ce phénomène se manifeste avec le plus d'intensité. Dans les Landes, bien des gens sont malades au moment de la floraison des Pins, car le pollen est alors si abondant qu'il forme çà et là de gros dépôts qu'on peut ramasser à la pelle. On en fait d'ailleurs en Inde une sorte de farine dont on tire des gâteaux originaux.

Il y a aussi des toxines vraiment inattendues. Les enfants s'amusent parfois à casser les noyaux des abricots ou des pêches pour en manger l'amande. En faible quantité, ces amandes sont inoffensives. Mais en grand nombre, elles peuvent provoquer de graves accidents à cause de leur richesse en cyanure. De même les pépins de nos poires ou de nos pommes peuvent être dangereux et il est heureux qu'on les élimine, contrairement à ce que veulent certains naturistes qui les prétendent nécessaires à la santé. Ces même naturistes ont été gravement intoxiqués en consommant des petits pois crus. Ils contiennent alors une substance lourdement toxique qui provoque un phénomène de lathyrisme, et qui est heureusement détruite par la cuisson.

Le présent ouvrage, grâce à ses excellentes illustrations, vous permettra de vous promener sans danger dans la Nature. Il vous offre l'image des plantes les plus dangereuses et les plus communes de notre flore, plus quelques exotiques qu'il est bon de connaître, étant donné leur extrême toxicité ou leurs usages pharmaceutiques. S'il est facile chez nous de se mettre dans la tête la physionomie des principales espèces à haut risque, quand on a le privilège d'explorer des pays tropicaux, alors c'est à tous les pas qu'on rencontre des plantes inconnues, d'apparence inoffensive, et qui cependant à doses minimes peuvent entraîner la mort. Dans la forêt de Guyane, par exemple, si les arbres sont trop hauts pour qu'on puisse savoir quelle est leur espèce avant qu'ils soient abattus, les plantes qu'on trouve au sol appartiennent en grande partie à la famille des Aracées, dont l'Arum tacheté de nos bois n'est qu'un modeste représentant. Mais là ce sont les Philodendrons de toutes espèces, des Arums géants, des Diffenbachias, tous plus toxiques les uns que les autres.

Dans la forêt du sud de Madagascar, vous verrez çà et là la „liane serpent", qui est une Apocynacée bien étrange. Elle est faite d'une tige cylindrique, verte et tachetée, charnue et dépourvue de feuilles, qui rampe entre les branches des arbres. Si vous piquez cette tige, il en giclera un latex tout blanc, qui déposé sur la peau y provoque immédiatement des cloques comme une brûlure au fer rouge. Vous y verrez aussi des Harpagophytons, dont les fruits ressemblent à de petites châtaignes, mais dont les épines sont en forme de harpon, et si féroces qu'il est à peu près impossible de les retirer de la peau sans une incision; si un chien par malheur a marché sur un de ces fruits, il n'y a plus qu'à l'abattre, car il est impossible de lui extraire les dards.

Et de tous les fruits qu'on voit, ou de toutes les graines, s'il en est de comestibles que connaissent fort bien les indigènes, ce serait folie pour un Européen non averti de vouloir les expérimenter. La flore de ces pays est tellement démesurée en nombre qu'on ne peut espérer en quelques jours en connaître plus du millième, et encore. Songeons qu'en France il y a quarante-huit espèces d'arbres indigènes. Mais dans la forêt équatoriale, on peut souvent faire deux ou trois kilomètres sans voir deux fois le même.

Nous avons chez nous deux douzaines d'arbres et arbustes à baies. Là-bas, ils sont une foule, et il faut une vie sur place pour s'y reconnaître un peu. Mais le spectacle de ces forêts foisonnantes, poison ou pas, a quelque chose de fascinant pour celui qui a la chance de pouvoir le contempler au moins une fois dans sa vie.

Toute la végétation qui nous entoure est donc à la fois hostile et fraternelle. Sachons donc dans la Nature séparer l'ivraie du bon grain, et faisons un effort pour comprendre ce qu'est le prodigieux équilibre, dramatique et sans cesse menacé, qui permet l'éclosion et le renouvellement de la Vie. Einstein disait que „la chose du monde la plus incompréhensible, c'est que nous soyons capables de comprendre quelque chose". Le spectacle que nous offrent nos plantes familières nous permet vraiment de comprendre quelque chose, et c'est là tout autant que le rire ou les larmes le propre de l'homme.

En guise de conclusion

Il faut être sans illusions: les quelques plantes toxiques que nous venons de passer en revue ne sont que des échantillons au milieu d'une série à peu près innombrable. Ainsi nous avons vu quelques Renonculacées, les Ancolies, les Anémones, les Boutons d'or, les Pivoines par exemple. Mais on ne doit pas oublier que toutes les Renonculacées sont toxiques. Il y a ainsi des familles pour ainsi dire maudites, qui distillent des poisons violents ou insidieux, et qui peuvent provoquer des accidents trop souvent mortels. Et il n'y a même pas de règle générale. Ainsi la pomme de terre est inoffensive, tout le monde le sait, mais ses feuilles et ses fruits sont très vénéneux. Parmi les Liliacées, si les oignons, les ails et les poireaux font partie de notre nourriture quotidienne, le Colchique et le Vérâtre sont des poisons mortels.

Les Légumineuses nous fournissent les haricots, les pois et les fèves entre autres. Mais les fèves elles-mêmes sont toxiques pour certains individus, et beaucoup de Légumineuses exotiques fournissent des poisons très dangereux. Même chez nous, notre charmant Cytise a des graines qui tous les ans empoisonnent les enfants qui s'amusent avec.

Et que dire de toutes les baies des arbustes qu'on rencontre dans la campagne! Méfiez-vous de celles du Sureau, et surtout de l'Hièble, qui sont vomitives et purgatives; de celles du Nerprun, qui sont drastiques; de celles de l'Epine-vinette, qui contiennent des alcaloïdes mal connus; de celles du Houx, qui portent sur le foie; des cônes de Genévrier, qui irritent les reins; de celles de la Viorne obier, qui détraquent les entrailles, tandis que celles de la Viorne lantane sont inoffensives; de celles des Cotoneasters qui contiennent des cyanures; de celles du Bois-joli, très dangereuses; de celles de la Belladone, évidemment.

Même parmi les plantes les plus familières, on trouve des substances à haut risque. Notre aimable Muguet, si on en suce les tiges, provoque des brûlures insupportables sur la langue, et ses baies agissent gravement sur le fonctionnement cardiaque. Le suave Cyclamen d'Europe a des tubercules tellement toxiques que les braconniers les broient dans un seau d'eau qu'ils vont verser dans une rivière. Une dose suffit pour endormir les poissons, qui après quelques minutes se retrouvent à la surface le ventre en l'air, et il a été utilisé pour provoquer des avortements.

Voyez le vulgaire Trèfle blanc de nos prés. Brouté en quantités excessives, il provoque chez les ruminants une fermentation qui leur gonfle la panse et oblige soit à les percer soit à les abattre.

Même nos herbes aromatiques doivent être maniées avec prudence.

Un excès de feuilles d'Estragon donne des brûlures d'estomac, et la racine du Raifort, prise en guise de moutarde, agit sévèrement sur la vessie si on en abuse.

Nos plantes d'ornement recèlent souvent des toxines inattendues. Nous avons vu le Croton, mais la plus dangereuse de toutes est sans doute le Diffenbachia. Cette espèce appartient à la famille maudite des Aracées, dont presque tous les représentants sont redoutables. Ainsi les feuilles du *Monstera deliciosa* sont toxiques, tandis que ses fruits, qui ressemblent à des ananas miniatures sont sucrés et se vendent au marché au Mexique. De même, si les feuilles de l'If sont hautement toxiques, les fruits sont comestibles à condition de recracher soigneusement le noyau, qui rendrait abominablement malade.

On peut sur ce point faire bien des remarques. D'abord, il est extrêmement rare que les animaux s'empoisonnent avec les plantes qu'ils rencontrent. Ou bien leur flair les prévient, ou bien la saveur horrible de ces végétaux les en détourne. Il y a donc une sorte d'adaptation réciproque, et beaucoup de plantes ont subsisté uniquement parce qu'elles se défendaient par leurs sécrétions, ou bien par leurs épines, ou par leur consistance. On le voit bien dans les régions désertiques, où il n'y a que des plantes immangeables à cause de la nature de leur sève, ou parce qu'elles sont si bien armées par la nature qu'aucun animal ne peut y mordre.

On serait peut-être tenté de dire que ces plantes l'ont fait exprès et ont inventé ces moyens de se défendre. Mais on peut retourner le problème dans l'autre sens, et penser que s'il y a eu des plantes mangeables, elles auront toutes disparu, et le hasard a préservé uniquement celles qui ne pouvaient tenter aucune bête.

Et encore! Les feuilles des pommes de terre sont toxiques pour tous les animaux. Cependant, un insecte, le trop célèbre Doryphore, s'y est adapté avec les dégâts qu'on connaît. Et si le Doryphore a désormais à peu près disparu, c'est parce qu'il lui faut faire trois générations par an. Comme on ne cultive plus que des pommes de terre à maturité printanière, la troisième génération ne peut se produire, et l'espèce s'éteint presque complètement.

Il y a même des plantes dont le parfum est toxique. Les mémorialistes du temps racontent que Louis XIV avait une telle passion pour les Tubéreuses qu'il en faisait planter des massifs complets dans le parc de Versailles. Or quand elles étaient en pleine fleur, leur parfum était si violent que beaucoup de courtisans ne pouvaient s'en approcher sans avoir des étourdissements. On connaît également les allergies provoquées dans le Midi au moment de la floraison des Mimosas. Le pollen de cet arbuste attaque les parois du système respiratoire et y provoque des réactions qui peuvent aller jusqu'à l'étouffement.

Ici, une question se pose, et qu'on oublie toujours. Nos ancêtres de la préhistoire, avant d'avoir inventé l'agriculture et l'élevage, ne vivaient que de chasse, de pêche et de cueillette. Etant donné l'hostilité du milieu dans lequel ils devaient trouver leur subsistance, comment ont-ils pu résoudre un problème qui nous laisserait complètement désarmés dans les mêmes circonstances?

On a un commencement de réponse en examinant de près les restes de leurs habitats. Là où ils s'installaient, ils allumaient du feu et cuisaient leurs aliments, et on retrouve dans les cendres et les débris qu'ils ont laissés derrière eux les traces de leur nourriture. En particulier, outre les os de toutes les bêtes qu'ils pouvaient consommer, on rencontre des graines de plantes de toutes sortes. D'abord celles des fruits sauvages que nous récoltons encore aujourd'hui: pépins de framboises, de mûres, de myrtilles, d'airelles, mais aussi des noyaux de fruits que nous ne consommerions plus, par exemple y abondent les pépins de «poires du Bon Dieu», c'est-à-dire des fruits de l'aubépine dont nous ne saurions que faire, et que nous laissons aux oiseaux en hiver. Des graines de sorbes, de Viorne lantane (que les petits Francs-Comtois mangent encore sous le nom de «maivurons»), mais aussi des graines de toutes sortes d'herbes souvent difficiles à identifier, et dont certaines ont dû disparaître de notre flore.

Qu'est-ce à dire? Tout simplement, poussés par la nécessité, ces ancêtres ont certainement tout essayé, ils ont reconnu très vite ce qui pouvait être mangé, et ce qui ne le pouvait pas. Très vite sans doute ont-ils pu par le langage transmettre leur expérience, et ainsi enseigner aux autres et à leurs descendants l'usage de ce qui était bon, et de ce qui était nuisible.

Ayant tout essayé, ils ont dû goûter non seulement aux fruits disponibles autour d'eux (et il n'y en avait guère en Europe!) mais tout autant aux herbes dont le feuillage présentait une saveur agréable. C'est ainsi que très tôt a été consommé le chou sauvage, qu'on trouve encore le long de nos côtes océaniques. Bien des gens au bord de la mer ont foulé au pied ce chou sans se douter de son identité, et sans penser un instant qu'il pouvait être à l'origine de nos choux pommés, choux-fleurs, rutabagas, choux-raves entre autres. Et si nos ancêtres y ont goûté, c'est parce qu'il avait une saveur de chou, et parce qu'ils sentaient confusément qu'il pouvait avoir quelques vertus, en particulier il leur fournissait sans qu'ils s'en doutent les précieuses vitamines indispensables à leur équilibre.

Il est probable que toutes les Crucifères à saveur piquante, comme le chou ou le cresson, ont flatté leur palais, et se sont révélées comme un besoin.

L'usage très ancien des feuilles de la betterave sauvage a dû procéder du même besoin, et ils ont consommé aussi celles de différentes mauves, comme le faisaient encore les Romains, très amateurs de légumes verts, dans un temps ou on n'en cultivait encore que très peu d'espèces.

En même temps, de fâcheuses expériences leur ont permis de savoir que beaucoup de plantes étaient à éviter absolument. Cette connaissance est sûrement très ancienne et on en a une preuve purement linguistique. Car les noms que les Grecs ou les Romains ont donné à toutes ces plantes ne sont le plus souvent ni grecs ni latins, mais ont été adoptés par eux qui les ont hérités des premiers habitants de ces pays, qui les leur ont appris. Voulez-vous un exemple? Le premier mot qu'apprennent les jeunes latinistes est *rosa* la rose, qui sert de modèle à la première déclinaison. Or ce n'est pas un mot latin, car il est contraire à la phonétique de la langue. De même si la rose se dit *rhodon* en grec, ce n'est pas davantage un mot grec, et les envahisseurs grecs qui sont arrivés là l'ont emprunté aux premiers occupants, qui connaissaient les roses, ignorées par les nouveaux venus.

On multiplierait les exemples de ce genre sans grand profit pour personne. Mais ce qu'il faut retenir, c'est que, au milieu d'une nature presque entièrement hostile, il a fallu à ces premiers hommes un discernement sans faille pour découvrir ce qui était utile et ce qui ne l'était pas. On les imagine comme des hommes de la Nature. En réalité, ils ont vécu contre la Nature, et malgré elle. Le nombre des plantes utiles par rapport à celui de celles qui ne servent à rien ou qui sont dangereuses est infime, et il a fallu les reconnaître, les trier, les apprivoiser, et en tirer profit.

Ce n'est que bien plus tard, vers 5000 ans avant notre ère, que les néolithiques venus d'Europe centrale, ont apporté avec eux les rudiments de l'agriculture, et en même temps les graines de ce qu'ils avaient déjà sélectionné et appris à cultiver. Aucune de nos céréales n'est indigène, et même des légumes qui nous paraissent aussi naturels que les carottes ou les céleris sont tout récents. Ils connaissaient sûrement notre carotte sauvage, mais ne pouvaient rien en faire, si ce n'est peut-être un assaisonnement, car sa racine telle quelle est dure comme du bois et amère. Il aura fallu des siècles pour que, par hasard, on en découvre des formes à racines charnues et mangeables. Le céleri qui vient à l'état sauvage le long des sources salées ou au bord de la mer est tellement amer qu'il est inutilisable. Il aura fallu des siècles pour en obtenir aussi bien les formes à tiges tendres que nous croquons, ou les «raves» que nous préparons en vinaigrette.

On peut dire que la civilisation est avant tout un fait non de culture mais d'agriculture. Chaque migration de peuples a apporté avec elle d'autres végétaux utilisables et ainsi enrichi le patrimoine de nos jardins. Si nous étions réduits aujourd'hui aux menus des Romains, nous trouverions le service très dur et bien monotone. Le blé nous est venu d'Orient, l'orge probablement de l'Europe du Nord, le seigle et l'avoine sont venus avec l'invasion des Huns, le sarrasin aussi sans doute. Même une salade aussi commune que la laitue, si elle existait à l'état sauvage, n'y donnait que quelques feuilles, et nos laitues pommées sont toutes récentes, puisque c'est Rabelais qui a rapporté d'un voyage en Italie les premières graines de laitue pommée, qui furent alors une nouveauté à sensation.

Il est admis que la pomme de terre a été mise à la mode par Parmentier, et c'est vrai. Mais on oublie de dire que les premières pommes de terre avaient une odeur si nauséabonde que personne n'en voulait, et il a fallu, grâce à des semis successifs, en obtenir des tubercules de bonne saveur pour qu'ils soient acceptés par le public. Là aussi, c'est contre la nature qu'il a fallu lutter pour la forcer à nous servir.

Songez encore à ce que devait être la cuisine provençale il y a un peu plus d'un siècle, quand on ne connaissait ni les tomates, ni les courgettes, ni les aubergines. Les premiers haricots étaient si précieux, venant d'Amérique, que Catherine de Médicis en avait apporté des graines avec son trousseau!

Quant aux fruits, n'en parlons pas. Les châtaignes nous viennent d'Asie Mineure, les abricots et les pêches de Perse, les cerises d'Arménie, et les pommes que nous cultivons, les poires aussi, n'ont rien de commun avec les pommes et les poires sauvages que nous trouvons encore çà et là dans nos forêts, tellement âpres que seuls les cerfs en font leur pâture.

Cependant, très vite aussi, les hommes ont reconnu à certaines plantes des propriétés particulières. Non contents d'essayer les comestibles quand ils le pouvaient, ils ont fait l'expérience des autres. Ils ont vu très vite que certaines pouvaient guérir, aussi bien qu'empoisonner leurs usagers. Il a dû se trouver parmi eux des sortes de magiciens qui connaissaient les vertus des «herbes» et qui les pratiquaient pour soigner ou soulager leurs semblables. La médecine n'a sûrement pas d'autre source. Car s'ils étaient déjà capables de soigner les blessures ou de réduire les fractures, comme le prouvent nombre de squelettes retrouvés, il y avait bien d'autres misères devant lesquelles ils étaient à peu près désarmés, mais très vite ils ont tout essayé, ou presque. Les catalogues de plantes médicinales que nous ont laissés les auteurs grecs ou latins prouvent que l'usage des «simples» est vieux comme le monde. Et dans les pays qu'on dit sous-développés existe encore aujourd'hui une tradition très ancienne qui permet de trouver remède à bien des maux.

Il suffit de voir à Tananarive par exemple le marché aux herbes pharmaceutiques pour être édifié sur ce point. Il en est de plus de cent espèces, qui toutes ont leur spécialité, et bien souvent c'est à partir de ces médecines primitives que nos chimistes ont fait leurs découvertes les plus marquantes.

Pour en revenir aux plantes toxiques, puisqu'elles sont si nombreuses, ce sont parfois les plus dangereuses qui se sont révélées les plus nécessaires. Des plantes aussi redoutables que la Belladone, ou la Jusquiame, ou l'Aconit, ou le Colchique, nous ont fourni des armes essentielles contre toutes sortes de maux devant lesquels nous étions muets. On ne connaissait que leurs propriétés néfastes, mais les efforts de la chimie ont réussi à en extraire des douzaines de principes qui jouent chacun leur rôle dans une maladie ou une autre.

C'est bien grâce à la chimie que la Digitale, considérée autrefois comme un poison sans remède, nous a donné la digitaline, qui fait merveille dans certains dérèglements du rythme cardiaque. Le Colchique, qui ne servait qu'à empoisonner les renards en en mélangeant les feuilles avec des appâts, nous a donné la colchicine qui, correctement dosée, a fait disparaître la maladie suppliciante que fut pendant des siècles la goutte, et dont personne ne parle plus. Si on lit par exemple les *Mémoires* de Saint-Simon, on est stupéfié par le nombre de gens qui dans son entourage se trouvaient paralysés par les attaques de cette maladie, à laquelle on ne pouvait rien. Sans parler de ceux qui en mouraient quand elle atteignait quelques organes vitaux.

Le cas de la quinine est peut-être le plus exemplaire. Les Indiens de l'Amérique tropicale connaissaient l'usage de l'écorce du quinquina, et s'en servaient contre les fièvres. Ce remède miracle a eu tôt fait de traverser l'océan, et est rapidement devenu une panacée universelle, et le premier remède efficace contre le paludisme et ses diverses variétés.

S'il est vrai que certaines plantes fournissent aussi des poisons dangereux, ou des stupéfiants aux effets criminels, les mêmes également nous offrent une gamme de substances que nos médecins prescrivent tous les jours, en ne pensant même plus à leur origine.

Et pensons-nous souvent que la caféine, la théobromine et la théine sont des poisons violents à haute dose? Cependant nous buvons tous les jours en toute innocence notre tasse de thé ou de café, et nous croquons sans remords une tablette de chocolat. C'est que dans ces infusions ou ces mélanges ces poisons sont tellement dilués qu'ils agissent tout au plus comme de légers excitants. Sans doute ne faut-il pas en abuser. Mais il est hors de doute que de tous temps les hommes ont recherché les végétaux capables de réveiller leur attention ou de leur procurer une sensation de bien-être. Les nourritures ordinaires sont insipides par elles-mêmes, et nous aimons les saveurs un peu corsées.

C'est très probablement un besoin, qui se retrouve chez tous les peuples. Quand nous absorbons une infusion de camomille ou de mélisse, ce n'est pas seulement par plaisir, c'est parce que nous savons que ces parfums et ces saveurs collaborent à une bonne digestion. L'expérience est là pour le prouver. Deux ou trois grammes de caféine pure nous mettraient le cœur en déroute, mais les quelques milligrammes que nous en dégustons dans une tasse nous apportent une douce euphorie, et inoffensive à moins d'une sensibilité particulière heureusement très rare. Si tous les matins dans les bistrots de Paris ou d'ailleurs on voit les gens inaugurer leur journée de travail par un «petit noir», c'est que ce breuvage leur donne le léger coup de fouet qui leur permet d'envisager leur tâche avec plus de sérénité, et peut-être de la mieux faire.

On sait quelle passion ont les Anglais pour le thé, qui est pour eux une boisson sacrée. Pas seulement dans les romans policiers qui en font une consommation énorme, mais dans la vie la plus courante, et dans les usines de nos voisins, il y a de temps en temps une «pause thé» durant laquelle les ouvriers reprennent les forces qui leur manqueraient autrement. Il y a donc des poisons végétaux qui à faible dose sont de simples euphorisants. Le menthol à l'état pur, ou l'essence de mélisse, sont de véritables stupéfiants très redoutables. Mais suffisamment dilués, ils ne constituent plus qu'un agrément et deviennent des compagnons de nos peines et de nos labeurs.

En ces matières, tout est finalement affaire de sagesse et aussi d'habitude. Ceux qui ne boivent jamais de café, si par hasard ils se laissent tenter, ne dormiront pas de la nuit. Mais les grands amateurs peuvent en boire des quantités énormes sans en souffrir le moins du monde.

L'alcool lui-même est un produit végétal, et le résultat du travail d'une levure qui s'attaque aux sucres et aux amidons des substances qui se trouvent en sa présence. C'est donc un poison végétal comme un autre, et on sait trop à quels abus il peut donner lieu. Mais un verre de bon vin au bon moment, ou un petit verre de vrai kirsch à la fin d'un repas ne font de mal que par excès. Ce sont là des boissons conviviales et communautaires, qui élèvent le ton de la conversation quand il le faut même si, comme le dit la chanson, «il ne faut pas rouler dessous la table». Qu'on se rappelle le proverbe des anciens Grecs, qui disait que dans un banquet «il faut boire ou s'en aller».

S'il est assez facile de comprendre comment et pourquoi tant de plantes dites supérieures fabriquent des poisons qui les protègent contre leurs prédateurs éventuels, le cas des champignons toxiques n'a pas encore trouvé d'explication.

Remarquons d'abord que les mammifères en général n'y touchent jamais. A peine voit-on parfois les sangliers déterrer les truffes et analogues, ou croquer un cèpe au passage. Les blaireaux aussi. Les muscardins sont très amateurs de l'Amanite vaginée, mais ce sont là des exceptions. Au contraire, les gastéropodes, escargots et limaces font une grande consommation de beaucoup d'espèces, et les récolteurs de cèpes en savent quelque chose. Et les limaces sont tout à fait insensibles aux toxines les plus vigoureuses, comme celle de l'Amanite phalloïde, qui ne les décourage aucunement. Il faut croire que ces mollusques y sont insensibles alors que les mammifères en meurent régulièrement.

Mais il est probable que beaucoup d'espèces sont faites pour être mangées par ces limaces, car il s'avère que les spores qu'elles avalent passent telles quelles dans leur tube digestif et vont donc pouvoir être rejetées plus loin, et germer ailleurs. Toutefois, il y a des espèces auxquelles les limaces ne se frottent jamais. Vous ne les verrez jamais ronger un Lactaire poivré, ni aucun Lactaire en général, car ils sont tous d'une âcreté insupportable, capable de décourager les plus robustes appétits. Il en va de même pour le plus grand nombre des Russules, sans parler de toutes les espèces trop coriaces ou trop sèches pour tenter qui que ce soit. Or ces espèces-là peuvent justement fabriquer et émettre leurs spores innombrables jusqu'au moment de leur décrépitude sans être dérangées. Leur âcreté les défend et leur permet d'évoluer en toute quiétude.

Pour en revenir à nos plantes toxiques normales, si l'on peut dire, leur étude et leur observation dans la nature nous permettent de comprendre bien des choses. La première c'est que les végétaux forment un ensemble, et pour ainsi dire un monde à part, avec ses lois propres, ses hiérarchies, ses associations, ses successions, ses remplacements, ses luttes et ses défenses. Une forêt ne se fait pas toute seule ni tout d'un coup. Un pré abandonné se couvre bientôt de ronces et d'épines, puis sous ce premier couvert vont pouvoir germer des buissons plus importants, et pour finir des arbres véritables qui peu à peu prendront toute la place et toute la lumière disponible. Cette succession demande un siècle ou deux, et nous n'avons guère le temps d'en être les témoins. Mais en y regardant de près, nous pouvons voir sous nos yeux tous les stades de cette évolution. Et tous ces végétaux venus à leur heure se défendent par leurs griffes, leurs épines, leurs poisons, contre leurs voisins, jusqu'au jour où un autre végétal plus vigoureux les couvrira de son ombre et les étouffera pour prendre leur place.

La paisible Nature est en réalité le théâtre d'une guerre sans merci entre les espèces qui se protègent comme elles peuvent avec toutes les armes physiques ou chimiques dont elles sont pourvues. Et c'est une réussite, car toutes ces espèces arrivent à se maintenir, et nous les rencontrons encore tous les jours. Si elles étaient toutes inoffensives, il y a longtemps qu'elles auraient disparu de la surface de la terre. Sauf peut-être celles qui ont choisi des milieux dont aucune autre ne voulait, comme la mousse qui pousse sur les tuiles de nos toits, ou la merveilleuse Androsace qui insère ses racines dans les fentes des rochers les plus stériles jusqu'à 3000 mètres de haut dans les Alpes.

Quand vous vous promenez dans une forêt de hêtres, si le sol y est merveilleusement nu, c'est que les hêtres font une ombre si épaisse que plus rien de peut plus pousser à leur pied. Ils ont tué tous les concurrents, et c'est à peine si au printemps quelques Anémones ou quelques Primevères y fleurissent encore avant que les feuilles des arbres aient fané leur chlorophylle. Vous êtes là en présence d'une victoire définitive, et le hêtre-roi a écrasé tous ses vassaux.

Aussi ne faut-il jamais séparer les plantes en plantes utiles ou nuisibles. Elles ont toutes leur rôle à jouer, et la moindre d'entre elles a toujours quelque chose à dire pour qui sait ouvrir les yeux. Cette Digitale, et cette Belladone si redoutables sont là parce qu'elles doivent y être, et en découvrir la cause est un de ces plaisirs qui font qu'il vaut la peine d'être un homme.

Sans doute faut-il connaître et savoir reconnaître les plantes les plus dangereuses. Mais elles font partie d'un concert où chacune remplit sa partition et ne saurait être remplacée par une autre.

S'il s'agissait seulement de savoir des noms, la botanique n'aurait guère plus d'intérêt qu'un catalogue d'articles vendus par correspondance. Mais c'est bien autre chose. Le contact continu avec les plantes nous oblige à concevoir une petite philosophie qui s'applique à tout l'ensemble du monde vivant, et c'est là une tâche qui en vaut la peine. Un philosophe a dit que «les naturalistes sont la conscience de la Création». Il est vrai que si les hommes n'étaient pas là pour en être les témoins et la comprendre, elle ne serait que ce qu'elle est, c'est-à-dire peu de chose, et personne n'en aurait jamais rien su. Mais les hommes sont venus, et la Nature est devenue enfin intelligible, les poisons ont été expliqués, et en même temps les végétaux nécessaires ont pu être domestiqués et devenir nos amis les plus utiles.

C'est ainsi qu'une petite exploration parmi les plantes toxiques nous a amenés à voir de plus près et peut-être à aimer un monde devant lequel nous passons trop souvent sans même nous douter de son existence, et encore moins de sa complexité. C'est pourtant là une richesse à la portée de chacun, et ce serait un peu une folie de vouloir l'ignorer.

Index des noms français

Index des noms latins

Table